Goddess Girls series:#4 ARTEMIS THE BRAVE by Joan Holub and Suzanne Williams
Copyright © 2010 by Joan Holub and Suzanne Williams
All rights reserved.
This Korean edition was published by RH Korea Co., Ltd in 2013 by arrangement with
Joan Holub and Suzanne Williams c/o EDEN STREET LLC through KCC(Korea Copyright
Center Inc.), Seoul.

이 책은 (주)한국저작권센터(KCC)를 통한 저작권자와의 독점 계약으로 (주)알에이치코리아에서 출간되었습니다.
저작권법에 의해 한국 내에서 보호를 받는 저작물이므로 무단 전재와 복제를 금합니다.

4 아르테미스의 용기

조앤 호럽, 수잰 윌리엄스 글 ▪ 이영 그림 ▪ 김경희 옮김

주니어 RHK

작가 신시아 라이텍 스미스와

도서 블로거 리틀 윌로우에게

— 조앤 호럽과 수잰 윌리엄스

차례

1. 사냥 수업 • 09
2. 교환 학생 • 36
3. 짝사랑 • 56
4. 오디션 • 82
5. 활쏘기 연습 • 110
6. 파란만장 드라마 • 139

7 발사	•160
8 바람맞다	•181
9 괴물	•199
10 빛나는 스타	•221
11 사랑보다는 우정	•243

1 사냥 수업

아르테미스는 괴물이 우글거리는 숲을 미끄러지듯이 달렸다. 은색 날개가 달린 마법 샌들을 신은 덕분에 몸이 이끼 낀 바닥에서 붕 떠오른 상태였다. 아르테미스는 나직이 흥얼거렸다.

"자, 나와라, 나와라. 어디 있든 이제 그만 나와."

아르테미스는 나무 기둥 사이를 재빠르게 지나 낮게 드리운 포도나무 넝쿨 아래 바싹 엎드려 몸을 감추며 신경을 바짝 곤두세웠다. 아르테미스의 검은 눈동자가 빽빽하게 우거진 수풀 속을 날카롭게 훑었다. 아르테미스는 올리브나무를 잘 다듬어 만든 아끼는 활을 손에 들고, 무늬가 아로새겨진 가죽 화살집을 어깨에 메고서 언제든지 쏠 준비를 단단히 하고 있었다. 필요하다면 눈 깜짝할 사이에 화살을 빼내어 시위에 걸고서 목표물을 겨냥할 수 있었다.

뒤에서 아테나가 마찬가지로 날개 달린 샌들을 신고 쌩하니 달려오는 소리가 났다. 아프로디테와 페르세포네도 뒤따라왔다. 네 여신은 모두 키톤이라고 부르는 무릎길이의 원피스를 입고 있었다. 넷 모두 허공에 나지막하게 떠오른 채 치맛자락을 바람에 살랑이며 올리브나무와, 무화과나무, 석류나무가 우거진 숲 속을 달려 나갔다.

오늘 아르테미스, 아테나, 아프로디테, 페르세포네가 야수의 숲에 온 이유는 오직 한 가지! 바로 세상에 나돌아 다니는 괴물 가운데 가장 끈적거리고 냄새나는 것들과 대결하기 위해서였다. 마법 화살로 무장한 네 여신은 이미 상반신은 여자, 하반신은 뱀인 괴물 에키드나를 처치하고, 염소 머리의 키마이라를 무찔렀다. 이제 세 번째로 뒤쫓고 있는 괴물을 찾아낼 수 있는 시간이 10분밖에 남지 않았다.

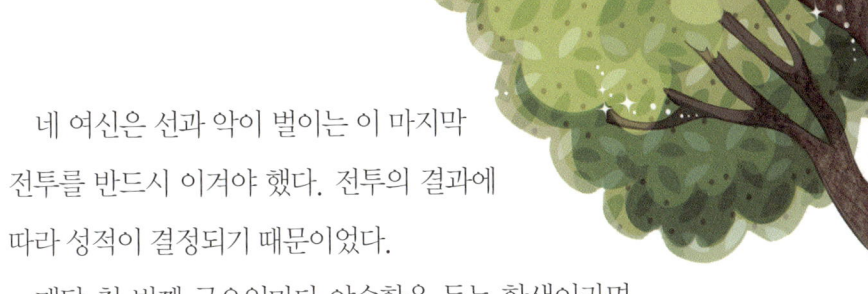

　네 여신은 선과 악이 벌이는 이 마지막 전투를 반드시 이겨야 했다. 전투의 결과에 따라 성적이 결정되기 때문이었다.

　매달 첫 번째 금요일마다 야수학을 듣는 학생이라면 남학생, 여학생 할 것 없이 모두 올림포스 학교의 교실을 떠나 인간 세상으로 내려왔다. 야수의 숲에서 꼬박 한 시간 동안 라돈 선생님이 시험 문제로 만든 괴물을 상대로 사냥 기술을 겨룬다. 아르테미스는 친구들이 같은 수업을 들을 뿐 아니라 모두 숲 속의 같은 지역에 배치되어서 얼마나 다행인지 몰랐다.

　오늘 게임에서 괴물을 셋 해치우면 아르테미스와 친구들은 다 같이 A를 받을 수 있다. 하지만 둘을 무찌르면 B, 하나를 무찌르면 C를 받게 되고, 만약 하나도 처리하지 못하면 제대로 해낼 때까지 이 수업을 반복해야 했다. 아르테미스는 지금껏 야수학 수업에서 A를 놓친 적이 없었고, 이번에도 예외를 만들고 싶지 않았다. 게다가 오늘은 아르테미스의 생일이었다. 아르테미스는 A 점수를 하나 더 받아서 스스로에게 멋진 선물을 주고 싶었다.

　아르테미스가 숲 속 빈터에 들어섰다. 문득 어디선가 쿵쿵대는 소리가 들렸다. 가까이에 있는 올리브나무 나뭇잎이 바스락거리자 놀란 되새와 휘파람새가 급히 날개를 퍼덕여 날아가 버렸다. 아르테미스는 걸음 속도를 늦추고 말없이 친구들에게 뭔가 다가오고 있다는 신호를 보냈다.

"저쪽에 도사리고 있어! 저기 말이야."

친구들이 가까이 다가와 서자 아르테미스가 나지막이 알려 주었다. 바로 그 순간 바람의 방향이 바뀌더니 괴물의 냄새가 훅 끼쳐 왔다.

'윽!'

늪에서 뿜어내는 가스와 퀴퀴한 동물 구린내, 소똥을 한데 섞은 것 같은 냄새가 났다.

페르세포네는 끙 소리를 내며 창백한 얼굴의 코에 손을 대고 휘저었다. 그러자 페르세포네의 빨간 곱슬머리가 이마에서 살랑였다.

"아무래도 꽃향기는 아닌 것 같아!"

식물 가꾸는 솜씨가 뛰어난 페르세포네는 손가락 하나 갖다 대는 것만으로 어떤 꽃이든 활짝 피어나게 할 수 있었다.

아테나가 코를 찡그리며 말했다.

"꼭 스컹크 방귀 냄새 같아."

곁에서 아프로디테가 속삭였다.

"이번에는 부디 더럽고 끈적이는 괴물이 아니었으면 좋겠어."

아프로디테는 길고 반짝이는 금발 머리를 한쪽 어깨 뒤로 휙 넘기더니 키톤의 목둘레에 달린 금술 장식을 만지작거렸다.

"이거 새 옷이란 말이야. 망가뜨리고 싶지 않아."

미의 여신인 만큼 아프로디테는 멋지게 차려입는 걸 좋아했고, 상황에 따라 다른 옷을 입었다. 오늘 수업에는 눈동자 색깔과 어울리는 연청록색 키톤을 입고, 늘씬한 허리에 포도나무 넝쿨을 엮어 만든 띠를 두르고 있었다. 올림포스 학교에서 유행이란 유행은 거의 모두 아프로디테가 이끌고 있는 만큼, 이번 주 안에 온 학교 여자아이들이 비슷한 허리띠를 맬 게 틀림없었다.

쿵, 쿵, 쿵.

괴물이 땅을 뒤흔들며 서서히 다가왔다. 아르테미스는 저도 모르게 팔에 소름이 쫙 돋았다. 속마음을 터놓고 인정하느니 차라리 풍뎅이를 산 채로 씹어 먹는 쪽을 택하겠지만, 솔직히 아르테미스는 두려웠다. 그러나 올림포스 학교 아이들은 아르테미스가 사냥의 여신이자 활쏘기 명수이기 때문에 당연히 용감할 거라고 생각했다. 가디스 걸스 친구들 역시 사냥에 나서면 아르테미스를 의지하며 앞에서 끌어 주기를 바랐고, 지금 이 순간에도 어떤 괴물이 나타난 건지 아르테미스가 알려 주기를 기다리고 있었다. 그리고 실제로 아르테미스도 괴물의 정체를 알 것 같았다!

아르테미스는 왼손을 머리 위로 들어 올리고서 손가락 하나를 추켜세웠다. 곧이어 손가락 둘을 들어 보였다. 그런 다음 잠시 동작을 멈추었다가 손가락 셋, 마지막으로 손가락 넷을 들어 올렸다. 이어서 아르테미스는 오른손도 들어서 손가락 둘을 더 보여 주며 모두 여섯이라는 신호를 보냈다. 그 신호를 보고 친구들은 아마도 머리 하나에, 팔 둘, 몸 셋, 날개 넷, 다리 여섯이 달린 괴물이 나타났다는 걸 알아차릴 것이다. 아르테미스는 그래도 혹시 친구들이 신호의 의미를 모를까 봐 조용히 입 모양으로 괴물의 이름을 알려 주었다.

'게리온.'

괴물의 이름이 밝혀지자 아테나의 얼굴에 단호한 표정이 어렸다. 시험을 치기 전이면 늘 나오는, 꼭 일 등을 하고 말겠다는 표정이었다. 한편 페르세포네는 코부터 틀어막았다. 적이 점점 가까이 다가오고 있었으므로 메스꺼운 냄새는 사방에 진동하고 있었다. 이제 곧 정말로 끔찍한 냄새를 맡게 되리라는 걸 알고 준비를 하는 모양이었다. 아프로디테는 세련된 키톤을 몹시 서글픈 얼굴로 내려다보았다.

이윽고 숲 속에서 커다란 괴물이 뛰쳐나와 빈터로 들어섰다. 괴물이 모습을 드러내자 아르테미스는 이미 돋은 소름 위에 또다시 소름이 우두두 돋았다.

게리온은 덩치가 어마어마한 데다 성질이 더럽고 매우 사나웠다. 야수학 교과서에 나오는 그림과 똑같이 생긴 녀석이었다. 비록 아르테미스가 사냥을 즐긴다고 해도 이럴 때는 그냥 평범한 과녁이나 쏘면 좋겠다는 생각이 간절했다. 라돈 선생님이 고안한 이 시험은 이따금씩 뭐랄까, 너무나 현실적이었다. 눈앞의 괴물이 가짜라는 게 도무지 믿기지가 않았다.

"아르테미스, 이번에도 정확히 맞혔네."

뒤에서 아테나가 말을 걸었다.

"얘들아, 조심해. 교과서에서 게리온은 발톱이 특히 날카롭고, 아주 약삭빠르다고 나와 있어."

"게다가 입 냄새도 최악이지."

아프로디테가 옆에서 거들었다. 아프로디테도 페르세포네와 함께 손으로 코를 틀어막고 있었다.

게리온은 초록색 입술을 쓱 핥으며 네 여신을 번갈아 쳐다보았다. 그러더니 휙 돌아서서 궁둥이를 씰룩거리며 기다란 꼬리 셋을 나뭇잎 사이로 살랑거렸다.

"랄랄라랄랄라."

게리온은 슬며시 여신들을 놀려 대기 시작했다. 그러면서도 이글거리는 붉은 눈은 어깨 너머로 고정한 채 아이들이 미끼를 물고 가까이 다가오는지 살피고 있었다. 하지만 여신들이 좀체 앞으로 나서지 않자 그쪽으로 손을 쓱 내밀었다. 그러더니 발톱 하나를 쏙 내밀고 자꾸 구부리면서 아이들에게 숲 속으로 들어가자고 손짓했다.

야수의 숲 안쪽은 길이 복잡하게 뒤엉켜 있어서 한 번 들어서면 좀처럼 빠져나올 수 없기 때문에 미궁으로 불렸다. 소문에 따르면, 미궁 한가운데에는 라돈 선생님이 만든 특별한 기계가 설치되어 있다고 했다. 그것은 바로 학생들이 상대하는 괴물을 만들어 내는 기계였다.

"저 괴물은 설마 우리가 저따위 꼬임에 넘어갈 거라고 생각하

는 걸까?"

아테나가 속삭였다.

"그래, 절대로 미궁 속으로 따라가면 안 돼."

아르테미스가 맞장단을 쳤다. 하지만 생각과는 달리 목소리가 파르르 떨려 나왔다. 아르테미스는 혹시라도 겁먹은 것처럼 들릴까 봐 얼른 자신감 넘치는 목소리로 덧붙였다.

"오히려 저 녀석이 이쪽으로 다가오도록 꾀어 보자. 덩치만 커다란 초록색 멍청이가 정신이 번쩍 들도록 화살 한 방 날려 줘야겠어."

그 말에 페르세포네는 까르르 웃음을 터뜨렸다. 그러나 코를 꽉 쥐고 있는 탓에 웃음소리라기보다는 드르렁 하고 코 고는 소리처럼 들렸다.

아프로디테는 불안한 얼굴로 다시 한 번 새 키톤을 내려다보며 대답했다.

"좋아, 하지만 너무 가까이 다가오지는 못하게 해야 해."

네 소녀 신은 불멸의 존재라서 괴물이 실제로 큰 해를 입힐 수는 없었다. 그렇다 하더라도 야수학 수업에 나오는 끔찍한 존재들은 학생들을 상당히 불편하게 만드는 구석이 있었다. 아르테미스는 3학년 때 머리카락을 홀라당 그을린 적이 있었다. 5학년 때는 괴물의 구불거리는 꼬리에서 발사된 독화살에 맞아 상처를 입은 적도 있었다.

"얘들아, 나한테 좋은 생각이 있어."

페르세포네는 잡초 더미 쪽으로 납작 엎드리고서 후 하고 입김을 불었다. 하얀 솜털에 둘러싸인 씨앗들이 괴물을 향해 화르르 날아올랐다. 신호라도 받은 듯이 괴물이 에취, 에취 재채기를 시작했다. 그리고 재채기를 할 때마다 아이들 쪽으로 조금씩 쿵쿵 다가왔다.

페르세포네는 빙긋 웃었다.

"민들레야. 게리온은 민들레 알레르기가 있거든. 이 방법은 실패한 적이 없어."

갑자기 게리온이 재채기를 멈추더니 코털이 숭숭 삐져나온 세 쌍의 콧구멍으로 커다란 콧방귀를 흥, 흥, 흥 뀌었다. 게리온은 벌겋게 이글거리는 눈동자로 여신들을 번갈아 쳐다보았다. 누구부터 먹어 치울지 가늠해 보려는 것 같았다.

"어, 이런. 엄청 열 받은 모양인데."

아테나가 말했다.

"얘들아, 서둘러! 흩어져서 녀석을 에워싸야 해. 이렇게 모여 있으면 쉽게 표적이 되고 말아!"

아르테미스는 자신의 목소리에서 두려움을 느꼈다. 그러나 두려움을 억누르며 친구들에게 재빨리 지시를 내렸다. 친구들은 아르테미스가 얼마나 조마조마해하는지 전혀 눈치채지 못한 듯 지시대로 흩어져서 게리온을 반원 모양으로 에워쌌다.

페르세포네는 남자 친구 하데스와 함께 지하 세계를 방문했을 때 훨씬 더 무시무시한 괴물들을 보았기 때문인지 침착하게 행동했다.

페르세포네가 아르테미스에게 부드럽게 말했다.

"해치울 수 있겠어?"

아르테미스는 떨리는 손가락으로 화살집에서 화살 하나를 꺼내들었다.

"그럼. 문제없어."

아르테미스는 여느 때처럼 허세를 부리며 우물우물 대답했다. 화살을 시위에 메겼지만, 아직 시위를 한껏 당기지는 않았다. 실수로라도 친구를 쏠 수는 없었다!

"자, 와라. 조금만 더 다가와."

아르테미스는 괴물에게 눈을 고정한 채 흥얼거렸다.

게리온이 인상을 쓰자 눈썹이 한데 몰려서 꼭 성난 애벌레처럼 보였다. 게리온은 다섯 개의 초록 이빨을 으드득 갈고, 날카로운 발톱이 달린 발로 풀밭을 벅벅 헤집었다. 그러나 아르테미스와 친구들이 옆으로 퍼져 있어서 누구부터 먼저 공격할지 결정을 내리지 못하는 것 같았다.

다음 순간 아프로디테가 소리를 빽 질렀다.

"꺅, 괴물이 공격하려고 해!"

겁을 있는 대로 집어먹고 비명을 질러도 아프로디테의 목소리는 늘 그렇듯이 아름답기만 했다. 그러자 그 아름다운 목소리에 이끌려 게리온이 아프로디테 쪽으로 무시무시한 눈길을 돌렸다. 게리온은 입 꼬리를 말며 섬뜩한 미소를 씩 짓더니 잠시 그대로 이를 갈고, 발을 벅벅 긁어 댔다. 하지만 그것은 그저 시늉에 불과할 뿐 속으로 공격 목표를 정한 게 분명했다.

게리온은 풀쩍 뛰어오르더니 아프로디테를 향해 달리기 시작했다. 아프로디테는 다시 꺅꺅 비명을 질러 대다가 그만 활을 떨어뜨리고 말았다.

"이, 이쪽으로 오고 있어!"

아르테미스는 옆걸음질로 아프로디테를 향해 바람같이 달려갔다. 하지만 달리면서도 게리온을 정면으로 마주 보는 걸 잊지 않았다. '절대로 괴물에게 등을 보여서는 안 된다.'는 것은 라돈 선생님이 늘 강조하는 열 가지 규칙 가운데 하나였다.

게리온이 점점 다가오자 아르테미스는 시위를 한껏 당기고 조준을 했다.

"악!"

아르테미스는 미처 화살을 날리지도 못하고 뭔가에 쿵 부딪치고 말았다.

'나무 기둥인가? 아냐. 이런, 아프로디테로구나!'

아르테미스와 아프로디테는 팔다리가 뒤엉킨 채 땅에 쿵 쓰러지고 말았다. 만약 똑바로 서 있었다면 마법 샌들이 알아서 얼른 안전한 거리만큼 뒤로 물러났겠지만, 이끼 낀 땅바닥에 벌러덩 쓰러진 채로는 샌들의 마법은 소용없었다.

아르테미스의 곁에서 아프로디테가 훌쩍였다. 아프로디테는 활도 없이 무방비 상태로 위험에 처해 있었다. 아르테미스는 활은 단단히 잡고 있었지만 북새통에 화살이 손에서 미끄러져 날아가 몇 걸음 떨어진 곳에 쿡 박혀 버렸다. 아르테미스는 아테나와 페르세포네가 어서 일어나라고 고함지르는 걸 어렴풋이 들었다. 그러나 너무 두려운 나머지 온몸이 꽁꽁 얼어붙기라도 한 듯 꼼짝할 수가 없었다. 아르테미스의 두 눈동자는 점점 가까이 다가오는 게리온에게 붙박여 있었다.

게리온이 한 걸음 더 가까이 다가왔다. 냄새가 한층 더 끔찍

해졌다. 10미터도 더 떨어져 있었지만 게리온의 뜨거운 입김이 확 끼쳤다. 아르테미스는 어느 책에선가 상처를 입지 않았는데도 공포에 질려 죽어 버린 인간의 이야기를 읽은 적이 있었다. 아르테미스는 불멸의 존재이기 때문에 그런 일이 벌어질 리가 없다는 걸 알지만, 지금 이 순간 자신에게도 그런 일이 일어날 수 있을 것만 같았다. 심장이 거세게 쿵쾅거렸다. 목 뒤에서 식은땀이 송골송골 솟아올랐다.

'뭔가 행동을 헤아 해!'

그때부터 순식간에 일이 벌어졌다. 그러나 아르테미스에게는 모든 것이 아주 느리게 움직이는 것처럼 느껴졌다. 게리온은 이제 겨우 3미터 정도밖에 떨어져 있지 않았다. 다음 순간 게리온이 아프로디테의 새 키톤을 망가뜨리고, 여신들의 성적을 떨어뜨리고, 모든 것을 사정없이 파괴해 버릴 채비를 하고서 공중으로 펄쩍 뛰어올랐다.

아르테미스는 두려움을 물리치고 벌떡 일어나 앉아 시위에 새 화살을 걸고서 한쪽 눈을 찡그리고 목표물을 겨누었다. 그런 다음 떨리는 손가락을 펴고 화살을 날려 보냈다.

피융!

펑!

화살이 닿자마자 괴물이 순식간에 사라져 버렸다.
"됐어!"
아르테미스는 환호성을 질렀다. 온몸에 다시 자신감이 차올랐다.

다음 순간 이마에 여전히 화살이 박혀 있는 게리온이 미궁 입구에 휙 나타났다. 게리온은 씩 웃으며 아무렇지 않게 화살을 뽑아내어 옆으로 던져 버리더니 아르테미스와 친구들을 향해 공손하게 절을 했다.

"여신들이시여, 축하드립니다."
게리온은 다정한 친구라도 되는 듯이 부드럽게 말했다.

 "활쏘기 8단계 수준을 달성하셨습니다. 여러분의 탁월한 실력은 라돈 선생님께 곧장 보고될 것입니다. 그럼 다음에 뵙겠습니다."
 마지막 말과 함께 무시무시한 게리온이 펑 하고 사라졌다. 미궁 입구에는 옅은 보라색 연기만 남아 둥둥 떠다닐 뿐이었다.
 "용감한 여신 아르테미스가 또 우리를 구해 줬어!"
 그제야 마음이 놓이는지 아테나가 칭찬을 건넸다.
 "아르테미스, 정말 고마워!"
 아프로디테도 페르세포네와 아테나의 도움을 받아 일어서면서 인사를 건넨다. 하지만 아르테미스는 아무런 대답도 하지 않았다. 스스로 생각해 볼 때 자신이 과연 친구들의 칭찬을 받을 만한지 확신이 들지 않았다.

'내가 용감하다고? 아냐, 그렇지 않아.'

"아르테미스, 너 괜찮아?"

페르세포네가 물었다.

"응? 아, 그럼. 당연하지."

아르테미스와 아프로디테가 다시 일어서자 마법 샌들이 힘을 되찾았다. 둘은 페르세포네와 아테나처럼 땅에서 공중으로 붕 떠올랐다.

"솔직히 난 안 괜찮아."

아프로디테는 파란색 매니큐어 칠한 손톱을 바라보며 슬픈 표정을 지었다.

"손톱이 부러져 버렸잖아. 내가 야수학을 안 좋아하는 것도 다 이유가 있다니까."

아프로디테는 화살집에 든 화장품 가방에서 마법 손톱깎이를 꺼낸 다음 손을 들어 올렸다. 그러자 마법 손톱깎이가 요리조리 움직이며 부러진 손톱을 맵시 있게 다듬기 시작했다.

아르테미스가 말했다.

"그래도 야수학은 중요한 과목이야. 불멸의 존재라면 이런

것들을 배워야 해."

 아르테미스의 말은 사실이었다. 가끔씩 아무런 예고도 없이 용기가 싹 사라져 버릴 때도 있기 때문에 아르테미스는 야수학이 반드시 들어야 하는 과목인 게 기뻤다.

 아르테미스는 입술 사이에 손가락을 대고 휘파람을 쁙 불었다. 아르테미스의 사냥개들을 불러들이기 위해서였다. 블러드하운드 수에즈, 그레이하운드 넥타, 비글 앰비가 숲에서 뛰쳐나와 아르테미스를 향해 풀쩍풀쩍 뛰어왔다.

 "수에즈, 잘했어!"

 아르테미스는 수에즈가 화살을 물고 오자 칭찬을 해 주었다. 사실 수에즈란 이름은 제우스 교장 선생님을 생각하며 붙인 이름이었다. 수에즈가 교장 선생님처럼 크고 푸른 눈을 가졌기 때문에, 제우스(Zeus)를 거꾸로 뒤집어서 수에즈(Suez)라고 이름 붙인 것이다.

 아르테미스는 땅에서 붕 뜬 채 무릎을 꿇고 앉아 개들을 끌어안으며 야단법석을 떨었다. 아르테미스의 사냥개들도 혀를 빼문 채 신 나서 주변을 껑충껑충 맴돌았다. 페르세포네도 쪼그리고 앉아서 함께 어울리자, 대번에 비글인 앰비가 페르세포네의 얼굴을 핥으며 침 범벅을 만들었다.

페르세포네가 말했다.

"야수학은 정말이지 흥미진진한 수업이야. 하지만 수업 시간에 나오는 야수들이 가짜라는 걸 알아도 생김새며 냄새며 행동이 진짜 살아 있는 괴물 같은걸. 그래서 지금이 수업 시간이고, 그 야수들은 그저 마법으로 만들어진 것뿐이라는 사실이 좀처럼 믿기질 않아."

아테나는 두 손을 번쩍 들어 올렸다.

"페르세포네 말이 맞아. 여기 내 손을 봐. 아직도 덜덜 떨리고 있잖아. 게리온이 가짜라는 걸 알면서도 정말 무서웠어."

그러자 아르테미스가 말했다.

"하지만 라돈 선생님이 우리한테 이 게임을 시키는 목적이 바로 그거잖아! 우리 실력과 용기를 시험하기 위해서 그런 야수들을 만든 거야."

아르테미스는 솔직히 자신도 두려워서 손이 후들후들 떨렸다고 인정하고픈 마음이 굴뚝같았다. 두려움을 털어놓으면 마음이 한결 편해질 테지만, 친구들은 아르테미스가 용감무쌍하다고 철석같이 믿고 있기 때문에 말을 꺼내기가 너무 부끄러웠다. 대신 아르테미스는 이렇게 말했다.

"아주 멋진 연습이잖아. 언제 진짜 야수와 마주치면 녀석들 코를 납작하게 해 줄 수 있을 거야."

"아유, 아르테미스. 지금껏 진짜 야수를 한 번이라도 본 적 있니?"

아프로디테가 물었다. 아프로디테는 손톱을 찬찬히 살펴보더니 만족스러운 얼굴로 손톱깎이를 화장품 가방에 다시 집어넣었다. 그러고 나서 손거울을 꺼내어 몸단장을 하고, 머리를 매만지고, 화장을 고쳤다.

"어…… 아니. 본 적 없어."

아르테미스는 털털하게 인정하며 다시 일어섰다.

솔직히 아르테미스 스스로도 궁금했다.

진짜 야수와 맞닥뜨리게 되어도 잘 싸울 수 있을까? 가짜 야수와 맞설 때는 손쉽게 용감한 척하며 그럭저럭 침착하게 대응할 수 있었다. 그러나 만약 정말로 중요한 순간에 어이없이 용기가 사라져 버리면 어떻게 할까?

그때 숲 전체에 노래하는 것 같은 한숨 소리가 퍼져 나가더니 나뭇잎이 바스락거리고 나무에서 늘어져 내린 이끼가 하늘거렸다. 그것은 나무에 깃들여 사는 님프들이 나직하게 내는 소리였다. 산사나무, 떡갈나무, 버드나무 들의 기둥과 가지 사이에

서 님프들이 하나둘씩 빛나는 하얀 얼굴을 내밀었다.

"소년 신들이 오고 있나 보네."

아르테미스는 기가 막힌다는 듯이 눈을 굴리며 말했다.

님프들은 남자아이라면 그저 좋아서 어쩔 줄 몰랐다. 지금껏 어떤 남자아이도 좋아해 본 적이 없는 아르테미스와는 정반대였다.

페르세포네는 입꼬리를 살짝 올리며 살며시 웃었다.

"아르테미스 말이 맞아. 저기 하데스가 오네."

잠시 후 하데스가 아르테미스의 쌍둥이 동생 아폴론을 데리고 나타났다. 둘 다 활과 화살집을 어깨에 메고 있었다.

아폴론이 소리쳤다.

"어이, 아르테미스. 사냥은 어떻게 됐어?"

아폴론은 마법 샌들을 조종해서 쌩하고 날아오며 몸을 앞으로 내밀었다. 그러고는 비스듬한 자세로 휙 돌아서 급정거를 하더니 아르테미스 옆에 딱 멈춰 섰다.

"당연히 해냈지."

아르테미스는 당당하게 대답했다.

"역시 대단해! 우리도 해치웠어."

아폴론과 아르테미스는 활짝 웃으며 주먹을 서로 마주 댔다.

다른 여신들은 운동에 그다지 관심이 없었지만, 아르테미스는 쌍둥이 동생 아폴론만큼이나 활쏘기를 무척 좋아했다. 이야기 속에 나오는 메데이아와 압시르토스 남매나 로물루스와 레무스 형제와는 달리 아르테미스와 아폴론은 늘 사이가 좋았다. 아마도 아폴론이 아르테미스를 누나가 아니라 형처럼 여기기 때문인 것 같았다. 아르테미스가 기억하는 한 둘은 올림포스 학교의 온갖 운동 팀에서 늘 함께했다. 심지어 아르테미스와 아폴론은 올림픽 경기에 대비한 훈련도 하고 있었다!

"혹시 여기에 다프네가 있어?"

아폴론은 어여쁜 님프 다프네를 보려고 애타게 사방을 두리번거렸다. 아르테미스는 아폴론에게 인상을 팍 썼다.

"야, 너까지 왜 그래?"

아르테미스가 보기에는 요즘 전교생이 사랑에 빠지거나 적어도 누군가를 짝사랑하고 있는 것 같았다. 아르테미스는 아프로디테 쪽으로 활을 들며 말했다.

"이건 모두 네 잘못이야."

미와 사랑의 여신인 아프로디테는 인간 세상과 올림포스 학교에서 벌어지는 거의 모든 연애에 관여하고 있었다.

아프로디테는 방글방글 웃으며 대답했다.

"어쩌겠어? 지금은 봄이잖아! 온 세상에 사랑이 넘치는 때라고!"

아프로디테는 몸을 숙이고서 밝은 파란색 눈동자로 아르테미스의 검푸른 두 눈을 똑바로 들여다보았다.

"머지않아 아르테미스 너도 마음에 드는 남자애가 생길 거야. 그럼 누군가를 좋아한다는 게 얼마나 멋진 일인지 알게 되겠지."

"하하! 난 사냥과 숲과 달의 여신이야. 죽어도 소년 신에게 빠져서 헬렐레하는 일은 없을 거라고."

아르테미스는 화살집을 뒤져서 애완견용 간식을 담아 둔 가방을 꺼내더니 사냥개들에게 조금씩 던져 주었다. 세 마리는 서로 간식을 받으려고 엎치락뒤치락하면서 눈 깜짝할 사이에 먹어 치웠다.

페르세포네가 까르르 웃으며 아르테미스의 말을 받아쳤다.

"뭘 하더라도 죽을 일은 없어. 우린 여신이잖아. 불멸의 존재인걸!"

하데스는 그 농담이 무척 재미있는지 빙긋이 웃으며 가냘프고 창백한 페르세포네를 다정하게 내려다보았다. 이번 학기 초만 해도 하데스는 늘 인상을 벅벅 구기고 다니며 이런저런 문제를 일으켰는데, 페르세포네와 가까이 지내게 되면서 훨씬 행복해 보였다. 물론 하데스처럼 사랑에 빠져서 좋은 영향을 받는 경우도 있을 테지만 그래도 아르테미스는 도무지 연애에는 관심이 가지 않았다.

"얘들아, 학교에서 보자!"

페르세포네는 인사를 건네더니 하데스와 손을 맞잡고서 올림포스 학교를 향해 산을 올라가기 시작했다.

바로 그때 디리링 하는 소리가 조그맣게 들렸다. 이어 멀리서 올림포스 학교의 전령이 외치는 소리가 여신들의 귀에까지 흘러왔다.

"올림포스 학교의 4교시가 10분 후에 시작됩니다."

아테나가 소리쳤다.

"어머, 이런. 영웅학 수업에 늦으면 안 되는데! 그 전에 머리도 매만져야 하고."

"우리 모두 다 그래."

아프로디테가 맞장구를 치더니 거울을 치우고서 아르테미스를 위아래로 쳐다보았다. 그러나 아르테미스는 아프로디테가 주려는 힌트를 통 알아차리지 못한 채 다른 소리를 했다.

"얘들아, 내 전차를 타자. 마법 샌들보다 빠르잖아."

원래 올림포스 학교 학생들은 학교에 전차를 몰고 다닐 수 없다. 그러나 아르테미스는 제우스 교장 선생님으로부터 특별히 허락을 받았다. 2학년 때 아르테미스가 남그리스에 있는 파르나소스 산으로 소풍을 갔을 때 사슴 네 마리가 아르테미스를 따라왔기 때문이었다. 그때부터 그 사슴들은 아르테미스의 애완동물이 되어 전차를 끌었다. 멧돼지며 염소며 여우며 온갖 동물이 다 아르테미스를 좋아해서 따라다녔다. 심지어 아르테미스는 4학년 때 애완 곰이 생긴 적도 있었다. 그러자 마침내 제우스 교장 선생님이 황금 샌들을 신은 거다린 발로 분명히 선을 그었고, 결국 아르테미스는 사냥개 세 마리와 사슴 네 마리만 데리고 있도록 허락 받았다.

아르테미스의 신호를 듣고 새하얀 몸에 황금 뿔이 달린 사슴 네 마리가 뒤에 전차를 매달고 숲에서 뛰쳐나왔다.

"자, 어서 타."

아르테미스는 소리치며 전차에 휙 올라타서 고삐를 쥐었다. 아테나, 아프로디테, 아폴론, 세 마리 사냥개까지 바글바글 올라탄 전차가 하늘로 횡 날아올랐다. 아르테미스와 친구들은 다 함께 숲을 가로지르고 산비탈을 달려 학교로 향했다.

2 교환 학생

 올림포스 학교에 도착하자 전차의 고삐가 저절로 스르륵 풀렸다. 아르테미스의 사슴들은 근처 정원으로 껑충껑충 뛰어가 한가롭게 풀을 뜯기 시작했다. 아르테미스, 아프로디테, 아테나, 아폴론은 학교로 이어지는 화강암 계단을 후다닥 뛰어올랐다. 올림포스 학교는 반질반질한 대리석으로 지어진 5층 건물로, 둘레에 수많은 이오니아식 기둥이 죽 늘어서 있었다. 아이들은 계단 꼭대기의 청동 문을 밀고 안으로 들어서자 날개 달린 샌들의 끈을 풀어 공용 신발 바구니에 집어넣었다. 그런 다음 지각하지 않도록 각자 흩어져서 서둘러 자기 갈 길을 갔다.
 아르테미스는 복도를 지나 사물함으로 달려갔다. 아르테미스가 복도에서 수다를 떠는 아이들, 쉬는 시간을 이용해 사물함에 들른 아이들 사이를 요리조리 빠져나가자 개들도 신이 나서 발치에 따라붙었다. 수에즈, 넥타, 앰비는 혀를 길게 빼문 채 샌들 신은 발 사이를 이리 뛰고 저리 뛰었다. 복도는 녀석들에게 장애물 경기 코스나 다름없었고, 지나가는 학생 피하기는 가장 좋아하는 놀이 가운데 하나였다. 아르테미스는 개들을 대신해서 '미안해요.'라든지 '실례합니다.'라며 사과를 했다. 하지만 정작 녀석들은 학생들이 놀라거나 인상을 찌푸린 채 쳐다보아도 진혀 아랑곳하지 않았다.

"133번 사물함아, 열려라!"

아르테미스는 사물함으로부터 3미터도 더 떨어진 곳에서 명령을 내렸다. 타다닥 하고 자물쇠 번호 맞추어지는 소리가 났다. 아르테미스가 사물함 앞에 끼익 멈춰 서자마자 길고 좁은 나무 문이 휙 열렸다.

그 순간 아르테미스가 손을 뻗을 틈도 없이 빨간색 영웅학 두루마리 교과서와 반짝이는 분홍색 〈위대한 여신 안내서〉가 와르르 쏟아져 나왔다.

퉁! 퉁!

두루마리가 대리석 바닥에 부딪혔다. 아르테미스는 두루마리를 집어 들고서 이미 잡동사니가 빽빽이 들어찬 사물함 안에 다시 쑤셔 넣으려고 애를 썼다.

쿵!

이번에는 사물함에서 커다란 개 사료 포대가 스르륵 미끄러지더니 아르테미스의 팔꿈치를 지나 발가락 바로 앞에 떨어졌다. 충격 때문에 포대가 쫙 찢어지면서 알록달록한 뼈다귀 모양 사료가 사방으로 데굴데굴 흩어졌다. 수에즈, 넥타, 앰비는 굴러가는 사료 뒤를 잽싸게 쫓았다. 개들은 미끄러운 바닥에 발톱을 기기긱 긁으며 쭉 미끄러졌다. 사료를 쩝쩝거리며 주워 먹느라 개 세 마리의 몸이 꼬이면서 다리, 코, 꼬리가 뒤엉키자 꼭 개로 만든 꽈배기 과자를 보는 것 같았다.

"으악!"

누군가 뒤에서 비명을 질렀다. 아르테미스가 어깨 너머를 슬쩍 넘겨보니 처음 보는 금발 머리 소년이 사료를 밟아 미끄러지고 있었다. 소년이 중심을 되찾으려고 팔을 버둥거리자 덩치 큰 수에즈와 넥타가 양쪽에서 소년을 쿵 밀어 버렸다. 두루마리 교과서와 가방이 휙 날아가는 동시에 소년은 엉덩방아를 찧으며 쿵 넘어지고 말았다.

"어머, 미안해! 괜찮니?"

아르테미스가 소리쳤다.

"당연히 안 괜찮지!"

소년은 인상을 팍 썼다. 소년이 바닥에서 짐을 주워 들고 일어서자 발아래 있던 개 사료가 와지직 소리를 내며 부서졌다.

"미안하다고 했잖아."

아르테미스도 기분이 상해서 나지막이 중얼거렸다. 소년이 별달리 다치지 않은 것 같아 보이자 아르테미스는 다시 자기 사물함으로 주의를 돌렸다. 그러고는 한 손으로 산더미 같은 물건을 쏟아지지 않게 막으면서, 다른 손으로 최선을 다해 잡동사니 속을 뒤졌다.

"미모학 두루마리 교과서, 응답해. 너 여기 있니?"

아르테미스가 명령하며 물었다. 그러나 귀를 기울여 보아도 아무런 응답이 없었다.

"아이참, 내가 미모학 교과서를 어디에 뒀더라?"

아르테미스는 속으로 생각했다.

'어, 설마 기숙사 방에 있는 건 아니겠지? 이제 와서 4층을 왔다 갔다 할 시간은 없는데.'

뒤에서 금발 머리 소년이 바로 아래 사물함을 향해 다가오고 있었지만 아르테미스는 그다지 신경 쓰지 않았다. 오히려 그 소년 너머로 목을 쭉 빼고서 반대편 창으로 보이는 학교 뜰의 해시계를 확인했다. 다음 수업이 시작하기까지 시간이 고작 5분밖에 남지 않았다!

'아, 정말. 인간 세상에서 올림포스 학교로 돌아오려면 시간이 꽤 걸리기 마련인데 왜 선생님들은 그걸 이해 못하는 거지? 야수학 사냥 수업이 있는 날은 쉬는 시간을 더 늘려 줘야 하는 거 아냐?'

물론 선생님들이 그런 고려를 해 줄 리가 없었다. 가끔 학교 규칙이란 건 정말 지독할 때가 있었다.

아르테미스는 킁킁 냄새를 맡았다. 뭔가 구리구리한 냄새가 났다. 아르테미스는 사물함 안에 고개를 들이밀었다.

'웩! 이거 혹시 내가 먹다가 집어넣어 놓고 잊어버린 점심에서 나는 냄새야?'

그러나 지금 아르테미스는 썩어 가는 음식물을 처리하고 있을 틈이 없었다.

'흠, 머잖아 결국 아무런 냄새도 나지 않게 될 텐데 뭐. 안 그래?'

그 순간 갑자기 처음 보는 개 한 마리가 어디선가 불쑥 나타나서 아르테미스를 향해 팔짝팔짝 뛰어올랐다. 크기는 고양이만 하고, 길고 반짝이는 흰 털을 가진 개였다. 자그마한 개는 요리조리 뛰어다니며 '왈왈왈.' 하고 짖었다.

그 개를 본 순간 아르테미스는 다음 수업에 대해서는 까마득히 잊어버렸다. 아르테미스는 얼른 무릎을 꿇고 앉아 하얀 개의 매끄러운 털을 쓰다듬어 주었다. 개의 목에는 조그마한 파란색 나비넥타이가 매어져 있었다. 그 사이 아르테미스의 사물함에서 깃털 펜과 종이가 우르르 쏟아져 나와 사방으로 흩어졌지만 아르테미스는 전혀 알아차리지 못했다.

"어머나, 너 정말 귀엽게 생겼다. 그런데 넌 누구니?"

아르테미스는 좋아서 촐랑거리는 개를 진정시킨 다음, 개 목걸이에 달린 이름표를 읽어 보았다. 별 모양의 이름표에는 '난 오리온 거예요.'라고만 쓰여 있었다. 이름표를 뒤집어 보아도 별다른 정보가 없었다.

"흠……. 네 이름은 안 보이는데?"

"시리우스."

아르테미스의 뒤에서 누군가 말했다. 개 사료 때문에 미끄러졌던 소년이 틀림없었다.

"그래, 누군지 몰라

도 참 실없지. 이름표에 정작 개 이름은 안 써 놨잖아."

"아니, 내 말은 그 개 이름이 '시리우스'라고. 내 개야."

금발 머리 소년은 몸을 숙이고 개의 등을 다정하게 토닥였다. 그러자 하얀 개는 주인을 보아서 기쁜지 꼬리를 신 나게 흔들어댔다.

"정말 귀엽게 생겼네."

아르테미스는 개를 건네주려고 일어섰다.

지금까지 아르테미스는 그 소년을 제대로 쳐다본 적이 없었다. 그러나 자그마한 개를 안아들고 일어나 고개를 들고 올려다보았더니 길고 짙은 속눈썹 아래 연하늘색 눈동자가 자리하고 있었다. 아르테미스는 지금껏 그렇게 눈썹이 고운 남자아이는 본 적이 없었다. 그 소년은 아르테미스보다 키가 15센티미터쯤 더 크고, 몸이 탄탄한 근육으로 이루어져 있었다.

"그럼 네가……."

"오리온이야."

오리온은 아르테미스의 말을 자르고서 시리우스를 받아들더니 바닥에 도로 내려놓았다. 그러자 시리우스는 아르테미스의 사냥개들이 있는 곳으로 쪼르르 가서 함께 사료를 먹기 시작했다. 오리온은 아르테미스의 두 칸 아래 사물함 자물쇠를 날쌘

손놀림으로 풀며 말을 이었다.

"오늘부터 여기 다니게 됐어."

그제야 아르테미스는 왜 오리온의 얼굴이 낯설었는지 이해가 되었다.

오리온은 사물함 문을 휙 열고서 들고 있던 두루마리 교과서 다섯 권을 집어넣었다. 오리온이 움직일 때마다 몸에 마치 고운 금색 반짝이를 바른 듯 은은하게 빛이 났다. 아르테미스처럼 불멸의 존재들만이 그렇게 빛나는 몸을 가지고 있으니 오리온도 신이 틀림없었다.

아르테미스는 이 잘생긴 소년에게 이상할 정도로 끌린다고 느끼며 슬쩍 가까이 다가섰다.

"난 아르테미스라고 해. 사냥의 여신이야."

아르테미스는 자신을 소개하고서 속으로 생각했다.

'어머, 애가 날 왜 이렇게 묘하게 쳐다보지? 뭔가 좀 이상하다는 눈빛이잖아.'

오리온은 아르테미스의 사물함을 비난하는 눈으로 바라보았다. 아르테미스도 그쪽으로 고개를 돌리자 뒤죽박죽이 된 사물함이 보였다.

"어…… 미모학 두루마리 교과서를 찾고 있는 중이었어. 난 사냥의 여신이니까 늘 뭔가를 뒤쫓기 마련이잖아. 안 그래?"

아르테미스는 나름대로 농담을 해 보았지만 반응이 썰렁하기 짝이 없었다. 아르테미스는 난장판이 된 사물함이 부끄러워서 얼른 문을 닫으려 했지만 도무지 닫히지 않았다. 결국 문에 어깨를 대고서 있는 힘껏 밀어붙이자 겨우 찰칵 하고 자물쇠 걸리는 소리가 났다.

"이따금씩 청소를 하면 물건도 찾을 수 있을 거야."

오리온이 말했다.

"어머, 나도 청소했어."

아르테미스가 대번에 받아치며 까르르 웃음을 터뜨렸다.

"딱 한 번. 2학년 때 말이야."

이번에도 오리온은 아르테미스의 농담에 아무런 반응이 없었다. 멋쩍어진 아르테미스는 가디스 걸스 우정 목걸이만 만지작거렸다. 그 사이 오리온은 자기 사물함에 60센티미터 높이의 파피루스 기둥이 우뚝 솟기라도 한 듯이 교과서들을 깔끔하게 세워서 정리했다. 아르테미스가 지켜보는 동안 오리온은 가방에서 거울을 꺼내더니 사물함 문 안쪽 눈높이에 걸었다. 그러고는 거울에 비친 자기 모습을 뚫어지게 바라보면서 손가락빗질로 넘어질 때 헝클어진 머리 모양을 매만졌다. 금새 오리온의 금발 머리가 뾰족뾰족 멋진 모양이 됐다.
 '우아, 어떻게 저렇게 하는 거지?'
 아르테미스는 놀라면서도 어쩐지 마음이 확 끌렸다.
 멍멍!
 아르테미스의 사냥개들은 사료를 모두 먹어 치우고서 새 친구 시리우스와 함께 복도를 껑충껑충 뛰어다니며 장난을 치고 있었다.
 "얘들아, 조용히 해! 이러다 우리 모두 곤란해지는 수가 있어."
 아르테미스는 쉬쉬하며 개들을 진정시키느라 진땀을 뺐다.
 오리온은 수업 시간표를 확인하느라 바빠서인지 옆에서 벌어지고 있는 사태를 알아차리지 못하는 것 같았다. 오리온은 호주머니에 시간표를 쑤셔 넣은 뒤 사물함에서 연보라색 두루마리 교과서를 꺼내들었다. 교과서에 둘러진 보라색 끈에는 가면 두 개가 대롱대롱 달려 있었다. 하나는 웃는 얼굴, 다른 하나는 찡그린 얼굴이었고, 그 가면들은 연극을 상징하는 것으로 각각 희극과 비극을 나타내었다.
 오리온이 사물함을 닫자, 아르테미스는 오리온이 꺼내 든 두루마리를 보며 고갯짓을 했다.

"너 연극 수업 듣나 보구나?"

"응."

오리온은 갑자기 눈을 반짝이며 열성을 보였다.

"난 고향에서 배우와 연설가로 꽤 이름을 날렸어. 혹시 오리온 스타라고 못 들어 봤어? 그게 난데, 들어 본 적 없니? 난 여기 올림포스 학교에 교환 학생으로 왔어. 제우스 교장 선생님께서 직접 초청하셨지."

"이, 미안. 난 운동에 관련된 행사가 있을 때 말고는 극장에 가 본 적이 거의 없어."

아르테미스는 혹시 오리온의 기분을 상하게 했을까 봐 얼른 말을 덧붙였다.

"그렇지만 제우스 교장 선생님께서 직접 초청한 거라면 넌 정말 대단한 배우가 틀림없어."

그러자 오리온은 가슴에 한 손을 갖다 댔다. 오리온의 얼굴에 뭔가 아련한 표정이 떠올랐다.

"얘, 너 괜찮아?"

아르테미스는 혹시 오리온의 건강에 뭔가 문제가 생긴 게 아닌지 슬며시 걱정이 되었다.

하지만 오리온은 대답 대신 다른 쪽 팔을 신전에서 춤을 추는 무용수처럼 우아하게 내밀더니 먼 곳을 바라보며 입을 열었다.

"소크라테스 선생님! 선생님께서는 제가 천문학에 대해서 품위 없이 칭찬한 데 대해 꾸중하셨지요. 그래서 이번에는 선생님께서 추구하는 방식대로 칭찬해 보려 합니다. 제가 생각하기에 천문학은 어쨌거나 영혼으로 하여금 위를 바라보게 하며, 이 세상에서 다른 세상으로 이끌어 주지요. 그 사실을 모두가 알아야 합니다."

오리온은 말을 마치고 아르테미스를 향해 싱글싱글 웃었다.

"이건 철학자 플라톤이 쓴《국가론》에 나오는 구절이야. 마음에 들어?"

아르테미스는 오리온의 눈부시게 하얀 미소에 순간적으로 넋이 나가서 웅얼웅얼 대답했다.

"음, 어, 그래."

아르테미스는 사실 실력 있는 배우와 형편없는 배우의 차이를 전혀 구분할 수 없었지만, 방금 들은 말은 어쩐지 꽤 멋있는 것 같았다.

디리링!

마지막 종이 울려 퍼졌다. 다음 수업이 시작되기 일보 직전이었다.

오리온은 옆으로 돌아서서 텅 빈 복도를 보더니 말했다.

"난 이제 가 봐야 할 것 같아."

"연극학 교실은 저쪽이야. 반대편 건물에 있어."

아르테미스는 오리온에게 어느 쪽으로 가야 하는지 가리켜 보였다. 그러고 나서 약간 머뭇거리며 덧붙였다.

"내가 길을 알려 줄까?"

오리온이 가야 할 교실은 아르테미스가 가려는 교실과 정반대 방향이었다. 아르테미스는 자신이 왜 그런 제안을 했는지 도무지 이해가 되지 않았다. 비록 둘의 첫 만남은 삐걱거렸지만 (오리온이 사료에 미끄러지는 일 등), 아프로디테는 지금까지 만나 본 남자아이 가운데 아폴론을 빼고는 오리온이 가장 흥미로운 아이가 될 것 같은 예감이 들었다. 왠지 계속해서 오리온에게 말을 걸고 싶을 뿐, 수업에 늦거나 말거나 그런 건 전혀 신경 쓰이지 않았다.

"그래. 고마워."

오리온이 휘파람을 삐익 하고 불자 시리우스가 폴짝거리며 달려와서 오리온의 품에 안겼다. 시리우스가 신 나게 턱을 핥아

대자 오리온은 활짝 웃으며 시리우스의 복슬복슬한 머리를 쓰다듬고서 다시 땅에 내려놓았다.

"시리우스는 날 정말로 좋아해. 좋아서 그러는 걸 어찌겠어?"

아르테미스는 오리온이 자기처럼 개를 좋아한다니 은근히 멋있게 느껴지면서 궁금증이 들었다.

'우리 둘에게 또 어떤 공통점이 있을까?'

둘이 함께 복도를 걸어가자 곁에서 개 네 마리가 타박타박 따라왔다.

아르테미스가 오리온에게 다시 말을 걸었다.

"내 사냥개들을 소개하는 걸 깜박했네."

아르테미스는 세 마리를 번갈아 가리키며 말했다.

"이 녀석은 수에즈야. 제우스를 거꾸로 쓴 이름이지. 그리고 이 비글의 이름은 앰비야. 내가 좋아하는 음식인 암브로시아에서 따왔어. 그리고 여기 그레이하운드는 넥타라고 해. 뭐, 말 그대로 넥타르에서 따온 이름이야."

"재미있네."

말은 그렇게 했지만 오리온은 아르테미스의 이야기를 그다지 귀 기울여 듣는 것 같지 않았다.

"시리우스는 무슨 종이니?"

"몰티즈."

오리온은 걸음을 재촉하기 시작했다.

"아, 그렇구나."

아르테미스도 걸음 속도를 더 빨리하며 재잘거렸다. 어떻게든 오리온의 관심을 붙잡아 두고 싶었기 때문이었다.

"난 그런 허리띠는 처음 봐."

아르테미스는 오리온의 허리띠를 가리키며 말했다. 오리온의 허리띠에는 별 세 개가 박혀 있었다.

"아, 이건 사실 연기상으로 받은 기념품이야."

그제야 오리온은 걸음을 약간 늦추더니 별을 하나씩 만지작거렸다.

"이건 알니탁, 그 다음은 알닐람, 그리고 마지막으로 권위 있는 민타카 상이지."

아르테미스는 그런 상은 한 번도 들어 본 적이 없었지만 예의 바르게 고개를 끄덕이며 대답했다.

"멋지다."

오리온이 더 이상 아무 말이 없자, 아르테미스는 연극학 교실로 가는 내내 혼자 떠들며 복도의 고요함을 메웠다. 정작 오리온은 자신에게 눈곱만큼도 관심이 없어 보이는데, 왜 이다지도 이 낯선 소년의 흥미를 끌고 싶은지 아르테미스는 도무지 알 수가 없었다.

"저……."

연극학 교실에 다다르자 오리온이 입을 열었다. 오리온은 또다시 아르테미스의 얼굴과 머리를 빤히 바라보았다. 아무래도 아르테미스가 좀 이상한 아이라고 생각하는 눈치였다.

'지금 오리온은 도대체 뭘 보고 있는 걸까? 혹시 내가 귀엽다고 생각하는 건가? 아니, 내가 왜 그딴 것에 신경을 쓰는 거지?'

아르테미스는 지금까지 남자아이에 대해 이런 느낌을 가져 본 적이 없었다. 뭔가 초조하면서도 한편으로는 너무나 들뜨게 되는데 왜 그런지 알 수가 없었다.

'혹시 얘가 나한테 반하게 만드는 주문 같은 걸 쓴 거 아냐? 그런 거라면 효과 한번 끝내주는걸.'

연극학 교실 문 옆에는 곧 있을 〈사랑의 화살〉이라는 학교 연극의 포스터가 붙어 있었다. 아르테미스는 포스터를 향해 손짓하며 물었다.

"오리온, 너 이 연극 오디션에 나갈 거니?"

"당연하지. 원래 다니던 라리사 초등학교에서는 내가 모든

사랑의 화살

연극의 주인공을 다 맡았어. 난 유치원 다닐 때부터 연기를 시작했거든. 〈소년 헤라클레스〉라는 연극에서 주인공 버섯 역할을 맡았어."

오리온이 교실 문을 열자 시리우스가 왈왈 짖기 시작했다. 오리온은 한숨을 푹 쉬며 시리우스를 안아들더니 아르테미스를 향해 돌아섰다.

"너 혹시 잠시 동안 그 푸르스름한 밤 그림자를 내 개에게 드리워 주지 않겠니?"

"뭐? 푸르스름한 밤 그림자?"

"그래. 네 눈동자 말이야. 한밤중에만 볼 수 있는 푸르스름한 색깔이잖아. 새카만 색도 아니면서 그렇다고 파란색도 아닌 묘한 색깔."

"아!"

아르테미스는 볼이 석양처럼 붉게 달아올랐다. 자신의 눈동자 색에 대해 그런 말을 듣는 건 처음이었다.

"그러니까 내 말은 혹시 네가 시리우스를 좀 돌봐 줄 수 있겠느냐는 거야. 오늘은 전학 온 첫날이니만큼 할 일이 아주 많거든. 시리우스와 함께할 시간이 별로 없어."

오리온은 반짝이는 두 눈으로 아르테미스를 바라보며 싱긋 웃었다.

'어머, 어떻게 못 한다고 해!'

아르테미스는 한숨을 폭 쉬었다. 저도 모르게 입꼬리가 올라가면서 바보 같은 미소를 짓는 걸 스스로도 느낄 수 있었다. 어느새 아르테미스는 이렇게 대답하고 있었다.

"문제없어."

"고마워."

오리온은 아르테미스에게 찡긋 윙크를 하더니 시리우스를 넘겨주었다.

"나중에 보자."

아르테미스와 네 마리 개는 그 자리에 멍하니 서서 오리온이 교실로 사라지는 모습을 멀뚱멀뚱 바라보았다. 주인을 볼 수 없게 되자 시리우스가 낑낑거리기 시작했다. 아르테미스는 시리우스에게 다정하게 말을 걸었다.

"시리우스, 네 기분 나도 알 것 같아."

오리온은 마치 번쩍이는 불꽃 같아서 보고 있으면 넋이 나가고 눈이 시릴 정도였다. 오리온이 사라지자 어쩐지 복도가 더 어두워진 것만 같았다.

"보아하니 넌 오늘 나랑 저 삼총사랑 같이 어울려야 될 것 같아. 자, 이제 가자."

아르테미스는 시리우스를 토닥여 준 다음 바닥에 내려놓았다. 그리고 그제야 아직도 미모학 교과서를 찾지 못했다는 걸 깨달았다.

'흠, 교과서 없이 들어가도 선생님이 눈치 못 챌 수도 있잖아. 그리고 혹시 기적이라도 일어난다면 내가 지각했다는 것도 눈치 못 챌지도 모르고.'

3 짝사랑

"아르테미스, 지각이로구나. 게다가 네 두루마리 교과서는 어디에 있니?"

아르테미스가 미모학 교실에 들어서자마자 선생님의 목소리가 피융 날아왔다. 미모학을 가르치는 삼미신 선생님의 목소리는 짜증이 났을 때조차도 우아하고 부드럽기만 했다. 오늘도 삼미신 선생님은 늘 그렇듯이 머리, 키톤, 화장까지 모조리 흠잡을 곳 하나 없이 완벽하게 차리고 있었다. 교실에서 수업을 하는 게 아니라 꼭 사교계의 파티에 가려는 사람 같았다.

"교과서를 못 찾았어요. 그러니까, 사물함 속이 좀 어지러워서 말이에요."

아르테미스가 교실 문을 닫으며 대답했다.

삼미신 선생님은 아르테미스를 보자마자 헉하고 기겁을 하며 빤히 들여다보았다.

"오, 신이시여! 아르테미스, 도대체 무슨 일이 있었던 거니? 사고라도 당한 거야?"

"네? 그런 일 없는데요. 왜 그러세요?"

삼미신 선생님은 자기 느낌을 어떻게 전하면 좋을지 한참 적당한 말을 찾더니 마침내 입을 열었다.

"아르테미스, 평소와 모습이 달라 보이는구나."

아르테미스는 화장품 코너에 있는 청동 거울 쪽으로 허둥지둥 달려가서 자기 모습을 비추어 보았다.

'오, 이런 젠장, 맙소사!'

아르테미스는 꼴이 말 그대로 엉망진창이었다. 머리에는 지푸라기가 엉켜 있고, 볼에는 흙이 덕지덕지 묻어 있었다. 야수학 수업이 끝났을 때 아프로디테가 머리 손질을 좀 하라고는 했다. 하지만 아프로디테는 늘 모두를 꽃단장시키려고 들었기 때문에 아르테미스는 이번에야말로 꼭 머리 손질이 필요하다는 뜻을 통 알아듣지 못했다. 아까 오리온이 그렇게 이상하다는 듯이 쳐다본 것도 이제 보니 전혀 놀랍지 않았다.

'아유, 창피해서 어떻게 해!'

거울 앞에서 돌아서며 아르테미스는 얼굴에 묻은 흙을 쓱쓱 문질러 닦고, 손가락빗질로 머리의 지푸라기를 빼냈다. 그러다가 아르테미스는 문득 멍해졌다.

'내가 언제부터 신이든 인간이든 남자아이가 날 어떻게 볼지 신경을 쓰게 됐지?'

그러나 다시 생각해 봐도 오리온은 꽤 귀여운 구석이 있었다.

'아니, 귀여운 정도가 아니라 정말 잘생겼지. 사실 내가 본 남자아이 가운데 가장 잘생겼어.'

남자아이들은 대부분 얼빠진 구석이 있기 마련이지만 오리온은 그렇지 않은 것 같았다.

'게다가 오리온은 개도 좋아하잖아. 정말 큰 장점이야.'

아르테미스는 자신이 '하아.' 하고 한숨 쉬는 걸 깨닫고 깜짝 놀랐다. 아까 아폴론과 하데스가 숲에 들어섰을 때 님프들이 내던 한숨 소리랑 남자아이라면 그저 좋아서 어쩔 줄 모르는 태도가 똑같았다.

아르테미스는 화장품 코너를 떠나 자기 자리로 돌아갔다. 하지만 불안한 생각이 머리를 떠나지 않았다. 아르테미스는 지금까지 어떤 남자에게도 마음을 빼앗겨 본 적이 없었다. 그건 세상 모두가 아는 사실이었다.

'오리온이 개를 좋아하든가 말든가 무슨 상관이람? 잘생겼다고 소문이 자자한 인간 나르키소스만큼이나 멋진 게 무슨 상관이냐고? 개를 좋아하는 남자아이들은 널렸고, 소년 신은 대부분 잘생겼잖아. 왜 하필 그 애인 거지?'

아르테미스는 자리를 잡고 앉았다. 그러자 다시 오리온의 모습이 뭉글뭉글 떠올랐다. 연푸른 눈동자, 길고 검은 속눈썹, 큰 키에 근육질 몸매, 뾰족뾰족 멋진 금발 머리. 거기다 두드러진 연기 재능까지! 오리온은 분명히 스타가 될 자질을 갖추고 있었다. 아르테미스는 꿈꾸듯 혼자서 빙그레 웃었다.

'하필 그 애면 어때?'

아프로디테의 말처럼, 아르테미스도 이제 누군가를 좋아한다는 게 얼마나 멋진 일인지 알 때가 되었는지도 몰랐다.

"아르테미스!"

선생님의 목소리에 아르테미스는 정신이 번쩍 들었다.

"오늘 도대체 정신을 어디에 두고 있는 거니?"

'앗, 이런.'

삼미신 선생님이 아르테미스 바로 옆에 서 있었다. 주변을 돌아보니 다른 아이들은 모두 과제를 하느라 바빴다.

'맙소사, 얼마나 오랫동안 정신이 팔려 있었던 거지?'

아르테미스는 책상을 슬쩍 내려다보았다. 파피루스 공책에는 수업 내용 대신 하트만 수없이 그려져 있었다.

"선생님, 죄송해요."

삼미신 선생님은 아르테미스의 공책에 하트가 가득한 걸 보더니 완벽하게 손질한 눈썹을 위로 추켜세웠다.

"교과서도 안 가져오고, 오늘 수업 과제도 안 했구나. 넌 정리 정돈의 아름다움에 대해 세 장짜리 글을 쓰도록 해."

'헉!'

아르테미스는 꾸무럭거리며 물었다.
"선생님, 지금요?"
삼미신 선생님은 아무 말없이 아르테미스를 엄한 눈빛으로 바라보았다. 아르테미스는 하는 수 없이 한숨을 폭 쉬면서 깃털 펜을 집어 들고 글을 쓰기 시작했다. 아르테미스는 삼미신 선생님을 좋아했지만 미모학 자체는 썩 내키지 않았다. 비교하자면 아프로디테가 야수학 사냥을 마음에 들어 하지 않는 것과 마찬가지였다.

평소보다 수업 시간이 더 길게만 느껴지는데도 아르테미스는 수업 종료 종이 울리기 전까지 과제를 마치지 못했다. 그러나 종이 울리자마자 아르테미스는 반쯤 쓰다만 파피루스를 도르르 말고서, '남아서 글을 마저 쓰라.'는 선생님 말씀을 듣지 않으려고 후다닥 교실 밖으로 튀어 나갔다.

금요일 오후에 수업을 마치면 아르테미스는 늘 원형 경기장에서 쌍둥이 동생 아폴론을 만나 활쏘기 연습을 했다. 그런데 오늘은 아르테미스의 사냥개 세 마리에 시리우스까지 달고 가야 했다. 아르테미스가 경기장에 도착하자 개들은 한데 어울려 근처 공원으로 뛰어가더니 아스포델, 붓꽃, 고사리가 흐드러진 들판을 어슬렁거렸다.

아르테미스가 작고 하얀 개를 데리고 나타나자 아폴론이 물었다.

"웬 녀석이야? 교장 선생님께서 지금 사냥개 세 마리 말고는 애완동물을 더 들이지 말라고 말씀하셨잖아."

"저 개 이름은 시리우스고, 내 개가 아니야. 대신 돌봐 주고 있을 뿐이야."

아르테미스는 화살집에서 화살을 꺼내며 말을 이었다.

"자, 어서 시작하자. 열 대를 쏴서 누가 더 많이 과녁에 명중하는지 겨루어 보는 거야."

"좋아."

아폴론은 어느새 새로운 개에 대해서는 까마득히 잊어버린 채 첫 번째 화살을 시위에 걸었다.

두 시간 동안 활쏘기 연습을 한 후에 쌍둥이 남매는 장비를 챙겨서 저녁 식사를 하러 학생 식당으로 갔다. 개들도 입맛을 쩝쩝 다시며 남매의 뒤를 살랑살랑 따라왔다. 식당에 도착했더니 15센티미터 길이의 마법 화살이 문 밖에서 휙, 휙 날아다니고 있었다.

"혹시 아르테미스와 아폴론인가요?"

화살이 웽웽거리는 목소리로 물었다. 만약 벌이 말을 할 수 있다면 그런 목소리를 낼 것만 같았다. 수에즈는 화살이 신기한지 뒷다리로 일어서서 앞발을 문에 짚고 화살의 냄새를 킁킁 맡았다.

아르테미스는 무슨 영문인지 모르겠다는 얼굴로 아폴론을 쳐다보았다. 그러나 아폴론도 어깨를 으쓱해 보일 뿐이었다. 아르테미스가 화살에게 대답했다.

"그래. 우리가 아르테미스와 아폴론이야."

화살이 다시 웽웽거리며 말을 했다.

"아르테미스와 아폴론…… 저를 따라…… 계단을…… 올라오세요…… 아주……."

"아주 뭐?"

화살이 갑자기 말을 멎자 아르테미스는 무슨 영문인지 몰라 되물었다.

"따라…… 오세요. 알게…… 될 겁니다."

화살은 몇 배나 더 안달하며 웽웽거렸다.

아폴론이 식당 문을 열었다.

"가 보자. 무슨 일인지 알아봐야지."

그러자 아르테미스는 화살에게 경고했다.

"좋아. 하지만 난 지금 배가 고파 미칠 지경이거든. 그러니 위에서 무슨 일이 벌어지는지 몰라도 음식이 있는 편이 좋을 거야."

아르테미스의 대답이 떨어지자마자 화살은 안으로 쌩하고 날아 들어가더니 두 아이를 계단으로 이끌었다. 아르테미스와 아폴론은 네 마리 개를 발치에 달고서 화살을 따라 계단을 빙글빙글 올라 새로운 문 앞에 이르렀다. 아폴론이 문을 활짝 열어젖혔고, 둘은 학교 맨 위층에 있는 지붕 없는 탑으로 들어섰다.

"생일 축하합니다!"

"어, 엉?"

열 명도 넘는 아이들이 한꺼번에 소리치자 아르테미스는 깜짝 놀라 뒤로 물러섰다. 학교 꼭대기 탑에는 아프로디테, 아테나, 페르세포네와 아폴론의 친구들로 가득했다. 풍선 장식이 사방에 달려 있고, 한쪽에는 작은 선물 무더기가 있었다. 둥근 탑을 따라 늘어선 기둥 사이로 비둘기가 날아다니면서 알록달록한 색종이 장식을 날렸다. 아르테미스와 아폴론을 인도해 온 화살은 이곳에 도착하자마자 근처 탁자에 놓인 물체에 그대로 내리박혔다. 거기에는 다른 화살도 여럿 꽂혀 있었다.

"설마 우리가 잊었다고 생각한 건 아니지?"

아프로디테가 아르테미스에게 물었다.

"그건 아니야. 그런데 정작 내가 잊어버리고 있었어. 물론 이런 파티는 예상도 못 했고. 얘들아, 정말 고마워."

아르테미스와 세 단짝은 돌아가며 서로 끌어안고서 축하를 나누었다. 아프로디테, 아테나, 페르세포네는 아폴론도 따뜻하게 안으며 축하 인사를 해 주었다. 그러자 아폴론의 친구들이 우르르 몰려와서 아폴론을 놀려 댔다.

배가 고팠던 아르테미스는 탁자에 놓여 있는 과자를 보고 서둘리 그쪽으로 다가갔다. 아르테미스의 사냥개들은 벌써 탁자 밑에 들어가서 혹시 맛난 과자 부스러기가 없는지 코를 킁킁거리며 돌아다니고 있었다.

대리석 탁자에는 암브로시아가 담긴 진주황색 도자기 그릇, 넥타가 든 컵, 커다란 샌드위치 등이 있었다. 그러나 그중에서 아르테미스의 눈길을 사로잡은 건 다름 아닌 커다란 케이크였다. 둥그런 케이크에는 흰색, 검은색, 파란색, 빨간색 설탕으로 둥그런 과녁이 그려져 있고, 한가운데 있는 노란색 원에는 열세 개의 화살이 화살촉을 위로 한 채 꽂혀 있었다. 아르테미스와 아폴론이 다가서자 갑자기 화살 끝에 불꽃이 화르르 일었다.

'아, 화살이 양초였구나!'

친구들 중에서 열세 살 생일을 맞이한 건 아르테미스가 처음

이었다.

아프로디테가 말했다.

"오늘 아침 삼미신 선생님 수업 때 아테나랑 페르세포네랑 나랑 같이 만든 케이크야."

"우아, 진짜 멋있다!"

아폴론은 꽤나 감동받은 눈치였다.

초를 불어 끄고 나자 아르테미스는 케이크 주변을 서성이며 침을 꼴깍꼴깍 삼켰다.

"케이크는 언제 자를 거야?"

아르테미스가 조바심을 내자 페르세포네가 까르르 웃음을 터뜨렸다. 아르테미스가 단 것을 좋아한다는 건 유명한 사실이었다.

"지금 바로 자를까?"

페르세포네의 말에 케이크에 꽂혀 있던 초가 하나씩 바깥쪽으로 미끄러져 나가며 케이크를 잘랐다.

"먹자!"

아르테미스는 당장 접시를 들고서 맨 앞에 줄을 섰다. 아이들이 케이크를 한 조각씩 가져갈 때마다 빈자리가 마법처럼 다시 채워졌다.

아르테미스의 개들도 단 과자를 좋아했지만 오리온의 개도 지지 않는 눈치였다. 몇몇 아이가 파티를 즐기느라 케이크 접시를 아무 데나 내버려 두자 개들이 얼른 먹어 치웠다. 개들은 바닥에 빵 부스러기를 줄줄 흘려 가며 케이크를 쩝쩝거리더니 크림 범벅이 된 주둥이로 다시 바닥의 부스러기까지 잽싸게 핥아 먹었다.

"어머, 너희를 잊어버리고 있었구나."

아르테미스는 개들에게 더 좋은 간식을 마련해 주려고 허둥지둥 다가갔다.

파티에 모인 아이들 모두 배불리 먹고 나자 이번에는 아테나가 똑같이 생긴 상자 두 개를 가지고 왔다. 두 상자 모두 길고 폭이 좁았다. 아테나는 아폴론에게 금색 리본이 둘린 상자를, 아르테미스에게 은색 리본이 둘린 상자를 건네주었다.

아프로디테가 말했다.

"곧 활쏘기 시합이 있잖아. 우린 너희 둘이 이걸 쓰면 좋을 것 같다고 생각했어."

그 말에 아르테미스는 신이 나서 선물 상자를 열었다. 상자에는 번쩍이는 화살 세 대가 들어 있었다.

"은 화살이구나!"

아르테미스는 선물 받은 화살이 너무나 소중해서 숨도 제대로 쉴 수가 없었다. 아폴론을 흘금 쳐다보니 아폴론은 금 화살 세 대를 들고 있었다.

아테나가 설명을 시작했다.

"이 화살은 공기역학적으로 완벽하게 만들어졌어. 내가 자세한 구조를 디자인했고, 아프로디테가 헤파이스토스의 도움을 받아서 학교 대장간에서 직접 만들었어."

자기 이름이 나오는 걸 듣고는 아프로디테의 친구 헤파이스토스가 다가왔다.

"첫 번째 화살의 이름은 옵시스야."

헤파이스토스는 지팡이에 몸을 기대며 설명했다.

"'조준하다'라는 뜻이지. 두 번째는 록소스, 물체가 움직인 흔적인 '궤적'이라는 뜻이야. 세 번째는 헤카에르고스, '멀리 보내다'라는 뜻을 가진 화살이야."

옆에서 페르세포네도 한마디 거들었다.

"향기도 좋아. 내가 향수를 뿌렸거든. 화살이 한 대씩 날아갈 때마다 꽃향기가 날 거야."

"우아."

아르테미스는 은 화살을 사랑스러운 듯이 쓰다듬었다. 반면 아폴론은 기겁하면서 페르세포네를 쳐다보았다.

"설마 내 화살에도 향수를 바른 건 아니지?"

페르세포네는 까르르 웃음을 터뜨렸다.

"아니. 네 화살은 날아가면서 천상천하의 곡을 연주하도록 만들었어. 디오니소스가 도와줬지."

천상천하는 아폴론이 속한 밴드의 이름으로 학교 댄스파티가 열릴 때마다 연주를 맡고 있었다.

아르테미스는 너무 기뻐서 금방이라도 울음이 터질 것 같았다. 그래서 얼른 화살 한 대를 집어 들고서 찬찬히 살피는 척하며 눈물을 삼켰다.

"정말 곧고 정확한 화살이야. 지금까지 내가 받은 선물 중 이게 최고야! 얘들아, 정말 고마워!"

아르테미스는 좋아서 펄쩍펄쩍 뛰며 친구들을 차례대로 다시 한 번씩 끌어안았다. 행여 이 기쁨을 놓칠세라 네 마리 개도 네 여신 주위를 껑충껑충 뛰어다니며 사이를 비집고 들려 했다. 아르테미스는 깔깔깔 웃으며 개들도 꼭 안아 주었다.

"흠, 그래서 이번 주말에는 뭐 할 거니?"

어느 정도 정리가 되자 아테나가 아르테미스와 아폴론에게 물었다.

"생일 기념으로 뭔가 재미있는 계획이라도 짜 놓았어? 인간 세상으로 가서 포세이돈 물놀이 공원에서 노는 건 어때?"

아폴론은 골똘히 생각에 잠긴 채 말했다.

"아니면 올림픽 경기를 보러 갈 수도 있고. 아르테미스, 네 생각은 어때?"

아르테미스가 속마음을 털어놓았다.

"글쎄……. 사실 난 학교 연극 오디션을 보러 갈까 생각 중이었어. 내일이잖아."

아폴론은 케이크를 하나 더 먹으려다가 '푸핫!' 하고 웃음을 터뜨렸다.

"하하! 그 농담 재밌네. 그래, 네가 잘도 그런 데 가겠다."

"진담이야. 난 오디션 보러 가고 싶어."

아폴론은 케이크를 먹으려다 말고 입을 딱 벌린 채 아르테미스를 쳐다보았다.

"아르테미스, 너 왜 갑자기 연극에 관심이 생긴 거야?"

"그럼 안 돼?"

아르테미스는 몸을 숙여 시리우스를 안아들었다. 시리우스는 앞발로 아르테미스의 다리를 톡톡 건드리고 있었다. 아마도 이 시끌벅적한 파티에 기가 질린 데다 오리온이 보고 싶은 것 같았다.

"어머, 아르테미스! 너 설마 개를 또 들인 건 아니겠지?"

아프로디테가 기겁하며 물었다. 아프로디테는 지금까지 시리우스의 존재를 전혀 알아차리지 못한 모양이었다. 그도 그럴 것이 아프로디테는 개를 그다지 좋아하지 않는 데다, 가능한 봐도 못 본 처하고 지내려 했다.

"내 개가 아니야. 친구 대신 돌봐 주고 있는 것뿐이야."

아르테미스는 아프로디테를 안심시키려 했다. 그러자 아테나가 되물었다.

"네 생일날 남의 개를 돌본다고?"

아테나는 꽤나 놀란 눈치였다.

"누구 개야?"

페르세포네도 동시에 물었다.

"새로 온 소년 신인데 이름이 '오리온'이라고 했어. 혹시 만나 봤니? 우리 학교에 교환 학생으로 왔대."

그 말에 아폴론이 헤파이스토스, 하데스, 디오니소스와 함께 다트 게임을 하다 말고 고개를 돌렸다. 아폴론은 인상을 찌푸리며 말했다.

"오리온은 신이 아니야. 걔가 자기를 신이라고 소개했어?"

"아니, 그런 건 아니야."

아르테미스는 고개를 가로저으며 생각했다.

'하지만 당연히 신이겠지. 엄청 잘생긴 데다 몸도 반짝이던걸!'

"그 앤 인간이야."

아폴론의 말에 아르테미스는 눈이 휘둥그레졌다.

"정말? 하지만 그 앤 아주…… 빛나던걸."

아폴론은 빼기는 듯이 팔짱을 꼈다. 아폴론의 뒤에서는 다트 게임이 계속되고 있었다.

"아르테미스, 너 최근에 불멸 쇼핑센터에 가 본 적 있어? 거기 플레이 스프레이라는 가게가 새로 들어섰단 말이야."

그러자 아프로디테가 맞장구를 쳤다.

"아, 나도 들어 본 적 있어! 몸에 바르는 온갖 스프레이나 물감 같은 걸 판다던데."

아폴론이 고개를 끄덕였다.

"맞아. 오리온이 우리한테 그러더라. 그 가게에서 '몸신'이라는 스프레이를 사서 자기 몸에 뿌렸다고 말이야."

아폴론은 손가락을 딱 튕겼다.

"그럼 즉석에서 반짝이는 몸이 되는 거지."

그 말에 페르세포네는 고개를 절레절레 흔들었다.

"우리처럼 보이려고 가짜 반짝이를 바른다고? 도대체 인간들이 다음에는 뭘 생각해 낼까?"

그러자 아테나가 대꾸했다.

"뭐 어때? 다 부러우니까 따라 하는 거 아니겠어?"

시리우스가 품에서 꼼지락거리자 아르테미스는 시리우스를 다시 내려놓았다. 시리우스는 아르테미스의 사냥개들이 있는 쪽으로 졸랑졸랑 걸어가더니 버려진 접시에 묻은 케이크 크림을 싹싹 핥아먹었다.

"넌 대체 그런 얘기를 다 어디서 듣는 거야?"

아르테미스의 물음에 아폴론이 대답했다.

"오리온이 자기 입으로 그러더라고. 올림픽 경기학 수업을 같이 듣거든."

그러자 페르세포네도 거들었다.

"나도 오늘 아침에 학교 현관에서 그 애가 지나가는 걸 봤어. 내가 '안녕?' 하고 인사를 건넸는데 아무런 대답이 없기에 부끄럼을 타나 보다 생각했지."

"오리온이 부끄럼을 탄다고? 장난해? 그 녀석 완전 떠버리야. 트라이애슬론 선생님이 걔더러 간단하게 자기소개를 하라고 했더니 맙소사, 10분이나 떠들어 대더라니까."

"뭐라고 했는데?"

아르테미스는 궁금증을 도저히 견딜 수가 없었다. 그러자 아폴론은 눈을 데굴데굴 굴리며 대답했다.

"몰라. 난 처음에 좀 듣다가 그냥 신경 꺼 버렸어. 자기 꿈이 빛나는 별이 되는 거라나 뭐라나."

"뭐, 별이 되고 싶다고?"

페르세포네는 어리둥절한 얼굴로 하늘을 쳐다보며 물었다.

"아이돌 스타 말이야."

아폴론은 콕 집어 말하더니 뒤돌아서서 다트 게임이 벌어지는 곳으로 갔다.

아프로디테가 아르테미스를 의심쩍은 눈으로 바라보며 입을 열었다.

"아하, 그럼 그 오리온이란 애도 내일 원형 극장에서 오디션을 보겠네."

'헉, 내가 갑자기 연극에 관심을 보이는 이유를 아프로디테가 눈치챈 건 아니겠지?'

아르테미스는 얼른 변명을 늘어놓았다.

"그래, 복도에서 그 연극 포스터를 봤거든. 제목이 〈사랑의 화살〉이더라. 난 사냥의 여신이니까 활쏘기에 관한 건 당연히 관심이 가잖아."

"나도 들어 봤어."

페르세포네는 아테나를 쳐다보며 말을 이었다.

"제우스 교장 선생님께서 직접 연출을 맡으셨다며?"

제우스의 딸인 아테나는 고개를 끄덕이며 대답했다.

"응, 에로스와 프시케에 대한 연극이라고 들었어."

"내가 그 연극 주연을 맡았으면 좋겠는데."

보라색 포도 빛깔 눈동자를 가진 소년 신이 말했다. 재주 많은 배우인 디오니소스는 지금까지 학교에서 열리는 모든 연극에서 주연을 맡았다. 디오니소스의 명성은 인간 세상에서도 대단해서 그리스 아테네 시에서는 매년 디오니소스를 기리는 연극 축제까지 열리고 있었다.

아프로디테는 디오니소스를 향해 방긋 웃으며 농담을 했다.

"어유, 과연 너한테 돌아갈 자리가 있을까 몰라?"

디오니소스는 씩 웃으며 어깨를 으쓱해 보였다. 그러고는 머리에 뾰족 솟은 뿔 사이로 손가락을 밀어 넣어 검은 곱슬머리를 쓱 넘겼다.

아프로디테가 친구들에게 속마음을 털어놓았다.

"얘들아, 실은 나도 오디션을 볼까 해. 님프인 프시케 역할을 맡고 싶어."

그러자 페르세포네가 하데스에게 물었다.

"그럼 우리는 무대 만드는 걸 도울까?"

하데스는 다트 던지는 데 집중하느라 건성으로 대답했다.

"그래."

이번에는 아테나가 말했다.

"난 이미 이번 연극에 끼어 있어. 아빠가 나한테 플루트를 연주하면서 코러스를 이끌어 달라고 부탁했거든."

"야호!"

하데스가 다트 한가운데를 맞히자 아폴론이 환성을 질렀다. 이어 아폴론은 아테나를 향해 고개를 돌리더니 물었다.

"그 연극, 비극이야, 희극이야?"

"음, 둘 다인 거 같아."

아테나는 아폴론과 아르테미스를 번갈아 쳐다보았다.

"너희 둘도 오디션을 보면 어때? 아빠가 활을 잘 쏘는 배우가 필요하다고 했어."

아폴론이 대답했다.

"그거야말로 비극인걸. 우리 둘 다 연기의 '연' 자도 모르니 말이야."

"그건 네 생각이지."

말은 그렇게 했지만 아르테미스도 속으로는 아폴론의 말이 옳다는 걸 알고 있었다.

아폴론이 킥킥 웃으며 말했다.

"아르테미스, 넌 너 하고 싶은 대로 해. 하지만 난 그냥 경기장에서 활 쏘는 거나 열심히 할래. 오디션 볼 아이들 중에서도 활을 잘 쏘는 애는 많으니까. 일단 디오니소스부터 그렇잖아."

그 뒤부터 이야기는 다른 곳으로 흘러갔고 결국 생일 파티도 끝이 났다. 그날 밤 아르테미스는 기숙사 방에 앉아 삼미신 선생님이 내준 정리 정돈에 대한 작문 숙제를 했다. 아르테미스는 어질러진 방을 둘러보며 생각했다.

'이런 숙제 한다고 해서 뭐가 달라지나?'

아르테미스는 타고나게 정리 정돈에 서툴렀다. 사실 아르테미스는 옷을 거는 것마저 늘 귀찮아했다.

'뭣하러 이불을 개거나 사물함을 청소해야 하는 거지? 어차피 다시 더러워질 텐데 말이야. 아, 숙제가 '어지럽히기의 아름다움'에 대한 거라면 금방 해치울 텐데!'

한편 그때까지도 오리온은 시리우스를 데리러 오지 않았다. 시리우스는 오리온이 걱정되는지 문 밖 복도에 발소리가 날 때마다 고개를 번쩍 들고서 문 쪽으로 귀를 쫑긋 세웠다. 그러나 발소리가 그냥 지나가 버리면 보슬보슬한 턱을 앞발에 턱 올리고서 실망한 듯이 한숨을 폭 쉬었다. 내일 아르테미스는 오리온에게 불쌍한 강아지를 낯선 곳에 온 첫날부터 혼자 내버려 두면 어쩌느냐고 잔소리를 할 작정이었다.

하지만 잔소리하기에 앞서 가장 멋진 키톤을 차려입고(물론 그것도 옷을 찾을 수 있어야 가능하겠지만) 머리도 단정하게 빗기로 했다.

 '그럼 오리온도 내가 늘 엉망진창이라고 생각하지는 않을 거야.'

4
오디션

 다음 날 아침 아르테미스는 가지고 있는 옷 중 가장 좋은 빨간 키톤을 입었다. 그나마도 방바닥에 쌓여 있는 옷 무더기 속에서 겨우 찾아낸 것이었다. 아르테미스는 이어서 허리띠를 찾아 헤매다가 뭔가에 발을 찔렸다.
 "아야!"
 아르테미스가 잠옷으로 입는 구멍이 숭숭 뚫린 낡은 키톤 아래에 머리핀 하나가 깔려 있었다. 몇 년 전에 아프로디테한테 선물 받은 예쁜 금색 핀이었다.
 '왜 여태까지 이걸 한 번도 하지 않았지?'
 아르테미스는 양쪽 옆머리에 머리핀을 꽂았다. 그런 다음 허리띠를 두르고 활과 화살을 집어 들었다. 방에 거울이 없기 때문에 아르테미스는 유리창에 비치는 모습을 대충 확인했다.

'꽤 괜찮아 보이는걸?'

하지만 가장 좋은 키톤이라 해도 약간 쪼글쪼글한 게 여지없이 눈에 띄었다.

'어깨에 이 얼룩은 또 뭐야?'

아르테미스는 화살집의 끈을 고쳐 메어 얼룩을 가리고, 옷의 주름을 열심히 폈다.

'이만하면 됐이.'

아르테미스는 휘파람으로 사냥개들과 시리우스를 불렀다.

"애들아, 가자!"

아르테미스와 개들은 서둘러 연극 오디션이 열리고 있는 원형 극장으로 향했다. 개들은 평소처럼 기분이 좋아서 이리저리 뛰어다니고, 곁에서 움직이는 건 뭐든지 쫓아다녔다. 시리우스는 비글인 앰비를 아주 좋아해서 장난삼아 앰비의 꼬리와 귀를 물어 댔다. 시리우스의 장난에 지친 앰비가 시리우스를 뒤쫓기 시작하자 시리우스는 마치 높다란 다리 밑에 들어가기라도 하는 듯이 얼른 덩치 큰 개들 밑에 숨었다. 개들이 하도 밀어 대는 통에 하마터면 넘어질 뻔하자 결국 아르테미스는 소리를 버럭 질렀다.

"이 녀석들, 얌전하게 굴어야지!"

아르테미스가 극장에 도착했을 때는 이미 관람석도 거의 다 차고, 오디션이 한창 진행되는 중이었다.

아르테미스는 통로를 따라 무대 쪽으로 슬슬 내려갔다. 그때 제우스의 목소리가 우레처럼 울렸다.

"뭐 하나?"

아르테미스는 그 소리에 놀라 펄쩍 뛰었다. 하지만 이내 그저 교장 선생님이 배우에게 말을 걸었을 뿐이라는 걸 깨달았다.

제우스 교장 선생님은 키가 2미터를 넘고, 온몸에 근육이 울퉁불퉁 불거진 데다, 구불거리는 붉은 수염에, 상대방의 속을 꿰뚫어보는 푸른 눈동자를 가지고 있어서 쳐다보기만 해도 저절로 주눅이 들었다. 또 제우스 교장 선생님은 팔목에 크고 판판한 황금 팔찌를 차고, 허리에는 늘 번개 장식이 달린 허리띠를 두르고 있었다. 여느 올림포스 학교 학생과 마찬가지로 아르테미스도 교장 선생님을 은근히 무서워했다.

학교 전령이 들고 있던 두루마리를 살펴보더니 리라 종을 울렸다.

디리링!

"판도라와 디오니소스, 무대에 올라와서 심사를 받으십시오!"

전령이 또랑또랑한 목소리로 외쳤다.

아르테미스는 돌로 만들어진 관람석 세 번째 열에 아프로디테가 앉아 있는 걸 보고 곁에 가서 앉았다. 그런데 놀랍게도 바로 뒷줄에 아폴론이 헤피이스토스, 포세이돈, 그리고 몇몇 다른 소년 신과 함께 앉아 있었다.

'아니, 애들이 언제부터 이렇게 연극에 관심이 생긴 거야?'

아르테미스는 자리에 앉으면서 개들에게 엎드려 있으라고 명령했다. 개들은 뛰어노느라 잔뜩 지쳤는지 고분고분하게 명령을 따랐다. 수에즈는 아르테미스의 발에 머리를 얹고서 몸을 웅크리고, 나머지 세 마리는 아르테미스의 왼쪽 통로에 널브러졌다. 아프로디테는 개들에게서 가능한 멀리 떨어지려고 슬그머니 오른쪽으로 자리를 옮겼다. 그 사이 판도라와 디오니소스가 지시대로 무대에 올라섰다.

아르테미스는 아폴론 쪽으로 기대며 속삭였다.

"어떻게 된 거니? 활쏘기 장면에 도전할 마음이 없다고 했잖아?"

"너도 오디션을 볼 생각이 아니라고 했잖아?"

"나? 아냐, 난 그냥 구경 온 거야. 그리고 아프로디테가 오디션 볼 때 응원해 주려고 왔지. 아, 그리고 오리온에게 시리우스도 돌려주고."

"그래? 나도 디오니소스를 응원이나 하려고 온 거야. 그러니까……."

"학생들, 자리를 잡도록!"

제우스의 목소리가 울려 퍼졌다. 대번에 극장에 있던 모두가 그쪽으로 주의를 돌렸다. 아폴론과 아르테미스는 앉은 자리에서 펄쩍 뛰었고, 무대에 올라가 있던 판도라는 깜짝 놀라서 대본까지 떨어뜨리고 말았다.

"무대 왼쪽으로 가서 서도록 해!"

판도라가 대본을 주워 들자 제우스가 명령을 내렸다. 그러자 학교 전령이 이맛살을 살짝 찌푸리며 제우스 쪽으로 몸을 숙이더니 뭐라고 속삭였다.

"아, 그렇지. 무대에서는 배우가 관객을 바라보는 방향이 기준이지. 내가 헷갈렸구먼."

제우스는 배우들에게 다시 소리쳤다.

"무대 왼쪽이 아니라 오른쪽으로 가도록!"

아르테미스는 아프로디테에게 소곤소곤 말을 걸었다.

"어떻게 되어 가고 있어?"

"지금까지 세 명이 오디션을 봤어. 내가 마지막 순서야. 판도라 다음인데, 판도라도 프시케 역을 맡고 싶나 봐. 나까지 포함해서 다섯 명이 지원했어."

"에로스 역할은 몇 명이나 지원했어?"

아르테미스는 내심 오리온의 오디션을 놓치지 않았기를 바랐다.

"에로스 역할도 지원자가 다섯 명이야."

아프로디테는 대답하다 말고 갑자기 아르테미스를 위아래로 훑어보았다. 아프로디테는 아르테미스가 세련된 머리 모양을 하고 예쁜 키톤을 입고 있다는 걸 한눈에 알아보았다.

"어머, 아르테미스! 너 오늘 예뻐 보인다."

"고마워."

아르테미스는 오리온의 오디션에 대해 좀 더 물어보고 싶었지만, 괜히 아프로디테의 의심을 사고 싶지 않았다. 아프로디테는 누가 누구를 좋아하는 기미라도 있으면 기가 막히게 알아차렸다. 그러니 아르테미스가 오리온에게 관심 있다는 걸 눈치채면 꽤나 요란을 떨 게 분명했다.

'정말이지 별일도 아닌데 말이야.'

멀리서 단순한 음의 노랫소리와 음악이 계속해서 들려왔다. 막에 가려져 보이지는 않지만, 코러스를 맡은 학생들이 무대 뒤에서 연습을 시작한 모양이었다. 그리스 연극에서는 코러스가 항상 나오는데, 줄거리를 읊어 주기도 하고, 무슨 일이 벌어지고 있는지 관객이 알 수 있도록 알려 주는 역할을 담당했다. 그리고 3학년 때 들었던 음악학 수업 내용에 따르면 코러스는 어떤 사건의 주제와 그 속에 담긴 깊은 뜻을 설명한다고 했다. 잔잔한 음악 소리에 맞추어 코러스가 대사를 읊기 시작하자 아테나의 플루트 소리가 아름답게 울려 퍼졌다.

한편 무대 뒤쪽에서는 학생들이 붓과 망치를 휘두르며 부지런히 무대 배경을 만들고 있었다. 페르세포네는 푸른 언덕에 아스포델, 데이지, 수선화를 그리고 있고, 하데스는 용의 입에서 뿜어져 나오는 거대한 불길을 칠하고 있었다.

"좋아, 님프부터 큐!"

제우스가 쩌렁쩌렁한 목소리로 말했다. 그러자 무대 오른쪽에 서 있던 판도라가 놀라서 펄쩍 뛰었다.

"누, 누구요? 저요?"

판도라는 잔뜩 긴장해서 물음표 모양 앞머리를 만지작거리며 물었다.

"그래, 판도라 너 말이다. 내가 '큐!'라고 하면 연기를 시작하라는 뜻이야."

제우스는 샌들 신은 발로 짜증스러운 듯이 바닥을 툭툭 치며 설명했다.

판도라는 초조한 표정으로 고개를 끄덕이더니 디오니소스를 향해 돌아섰다. 그런 다음 한 손에는 대본을 들고, 다른 손은 가슴에 갖다 댄 채 대사를 시작했다.

"오, 에로스, 사랑의 신이시여. 당신의 화살로 저에게 상처를 입히지는 않겠지요?"

"이 화살에 입은 상처는 당신을 사랑에 빠지게 만들 뿐 그 이상 아무것도 아닙니다."

디오니소스가 판도라를 달랬다. 디오니소스의 목소리는 잠잠했지만 그 안에 깃든 힘과 아름다움으로 온 극장을 가득 채웠다. 평생 한 번도 연극을 본 적이 없는 아르테미스조차 디오니소스가 훌륭한 배우라는 걸 단번에 알 수 있었다.

"당신 말을 어떻게 믿겠어요? 난 그저 님프일 뿐 불멸의 존재가 아닌걸요?"

판도라는 눈썹을 파르르 떨면서 물었다. 그러자 제우스가 불쑥 끼어들었다.

"어, 너희 둘 연기가 아주 좋구나. 그런데 판도라, 모든 대사를 질문으로 바꾸지 말았으면 한다."

판도라는 놀라서 제우스를 빤히 쳐다보았다.

"어, 교장 선생님, 죄송해요. 제가 그랬어요? 그런데 왜 저는 알아차리지 못했을까요?"

제우스의 넓은 어깨가 살짝 올라갔다가 다시 내려왔다. 아무래도 한숨을 쉰 모양이었다.

아르테미스는 교장 선생님의 기분을 알 것 같았다. 판도라는 좋은 친구였지만 끊임없이 이어지는 질문 공세와 넘치는 호기심 때문에 때때로 짜증이 났다. 그런데 아테나는 판도라와 룸메이트라서 심지어 함께 살고 있었다. 불쌍한 아테나.

얼마 지나지 않아 판도라와 디오니소스의 오디션이 끝났다. 둘이 무대에서 내려오자 제우스가 전령을 향해 고갯짓을 했다. 그러자 전령은 다시 리라 종을 울렸다.

디리링!

"아프로디테와 오리온. 무대로 올라와 심사를 받으십시오!"

전령이 소리쳤다. 그러자 아프로디테는 바다 거품 색깔 키톤의 매무새를 잡으며 일어섰다.

"아르테미스, 내게 행운을 빌어 줘."

"아프로디테, 다 쓰러뜨려 버려!"

아프로디테가 계단을 내려가서 무대 왼쪽으로 올라가자 학생들이 앞다투어 아프로디테에게 행운을 빌어 주었다. 아프로디테는 학생들 사이에서 가장 인기 있는 아이였고, 특히 남학생들은 아프로디테의 주의를 끌기 위해 별짓을 다했다. 아르테미스가 보기에 프시케 역은 아프로디테가 이미 따 놓은 거나 다름없었다.

하지만 만약 아프로디테가 프시케 역을 맡고, 오리온이 에로스 역을 따낸다면 둘이 많은 시간을 함께 보내게 될 터였다.

'흠……. 그렇게 된단 말이지.'

아프로디테의 키톤은 주름지지도, 얼룩이 묻어 있지도 않다는 사실이 아르테미스에게 새삼스레 다가왔다. 아프로디테는 정말 매력적이었다. 아르테미스로서는 도무지 따라갈 수 없을 수준이었다.

'만약 오리온이 아프로디테를 좋아하게 되면 어쩌지?'

아르테미스는 그 생각이 영 마음에 들지 않았다.

오리온이 반대편에서 계단을 올라 무대에 들어섰다. 오리온이 보이자 아르테미스는 자세를 고쳐 앉았다. 심장 박동이 갑자기 빨라지고, 속이 울렁거리는 듯한 낯선 느낌이 들었다.

뒤에 앉아 있던 아폴론이 아르테미스의 어깨를 쿡 찌르며 말을 걸었다.

"아르테미스, 같이 나가서 활쏘기 연습하지……."

"쉿!"

아르테미스가 아폴론을 밀어내며 말했다.

아르테미스의 눈은 느긋하게 무대로 올라서는 오리온에게 고정되어 있었다. 오리온의 금빛 피부는 희미하게 빛을 발하고, 푸른 눈동자는 반짝반짝 빛났다. 청록색 토가를 입고 있으니 아르테미스가 기억하는 것보다 어깨도 더 넓어 보였다. 아르테미스는 무대 가까이 앉지 못한 게 후회되었다.

"아르테미스?"

아폴론이 다시 말을 걸었다.

'아, 왜 이렇게 귀찮게 구는 거야?'

아르테미스는 손으로 아폴론을 후여후여 쫓아냈다.

"나중에 얘기하자. 난 여기서 오리, 아니, 아프로디테의 오디션을 볼 거야. 넌 디오니소스를 응원하러 왔다며. 아직 디오니소스가 배역을 따낸 것도 아닌데 나갈 거야?"

"어휴."

아폴론은 한숨을 쉬면서 뒤로 물러나며 투덜거렸다.

"그래, 좋아. 하지만 디오니소스나 아프로디테한테 응원이 필요하기나 할지 모르겠어. 둘은 늘 주연을 맡잖아."

제우스가 두 배우에게 대본을 내밀었다.

"10쪽 대사를 낭독해 보렴."

아프로디테는 대본을 받아들고서 휘리릭 넘기며 10쪽을 찾았다. 하지만 오리온은 손을 위로 들어 보일 뿐 대본을 받으려 하지 않았다.

제우스 신이 인상을 팍 찌푸렸다.

"자, 어서 받아라. 대사를 읽으려면 대본이 있어야 하잖아."

그러자 오리온이 자신 있게 대답했다.

"교장 선생님, 꼭 그렇지는 않아요. 전 에로스 부분은 이미 다

외워 두었거든요."

오리온의 목소리가 들리자 시리우스가 발딱 일어나 귀를 앞으로 쫑긋 세우더니 꼬리를 살랑이기 시작했다. 하지만 시리우스는 연극 오디션 동안에는 얌전히 앉아 있도록 훈련을 받았는지 주인을 맞으러 무대로 뛰쳐나가지 않았다.

제우스가 오리온의 말에 놀란 표정을 지으며 말했다.

"음, 전문가다운 태도구나. 그럼 시작해 보렴."

판도라가 아르테미스의 곁에 와서 앉는 순간 오리온이 대사를 말하려 입을 열었다. 그런데 그와 동시에 무대 뒤쪽에서 탕탕탕 하고 망치 두드리는 소리가 났다. 하데스가 용의 꼬리에 초록색 비늘을 달고 있었다.

오리온은 곧바로 그쪽으로 돌아서서 하데스를 노려보았다.

"그것 좀 멈춰 줄래?"

"미안. 이쪽도 예술 작업하는 중이라서 말이야."

하데스는 입에 못을 문 채 싱긋 웃어 보였다. 그러나 오리온은 아랑곳하지 않았다.

"여기도 예술 작업 중이야. 이봐, 친구들. 오디션 중인데 배우에게 예의를 좀 차리지 그래?"

하데스는 머쓱해하며 망치질을 멈추었다.

"좋아, 그러지 뭐."

"우아, 저 애 누구야?"

판도라가 오리온을 향해 고갯짓을 하며 아르테미스에게 물었다.

"인간 세상에서 온 교환 학생이래."

판도라는 자신도 인간이기 때문에 오리온에게 더 큰 관심을 보였다.

"그래? 인간이란 말이야? 그런데 저 애 몸은 어째서 빛나는 거지?"

"가짜 반짝이 스프레이를 뿌렸어."

뒤에서 아폴론이 퉁명스럽게 대신 대답했다.

아르테미스는 아폴론의 대답을 무시했다. 사방에서 여학생들이 오리온을 보고, '우아, 우아!' 하며 감탄하는 소리가 들렸다. 불행하게도 오리온에게 흥미를 느끼는 여신은 아르테미스만이 아닌 것 같았다.

갑자기 아프로디테의 목소리가 극장에 울려 퍼졌다.

"오! 에로스, 사랑의 신이시여. 당신의 화살로 저를 상처 입히지 말아 주세요."

아프로디테는 외모만큼이나 목소리도 예뻤다. 아프로디테의

목소리가 울려 퍼지자 극장 안 모두의 관심이 쏠리는 걸 아르테미스는 피부로 느낄 수 있었다.

오리온은 넓은 가슴을 펴며 심호흡을 한 번 했다. 그러더니 부드럽고도 감정이 가득한 목소리로 대답했다.

"이 화살에 입은 상처는 당신을 사랑에 빠지게 만들 뿐 그 이상 아무것도 아니랍니다."

오리온은 상대방을 안심시키려는 듯이 손을 뻗어 아프로디테의 볼을 어루만졌다.

순간 아프로디테는 놀라서 오리온을 멍히니 쳐다보고만 있었다. 아프로디테조차 오리온의 재능에 경탄할 만큼 오리온의 연기는 훌륭했다. 제우스 교장 선생님이 오리온을 연극에 참여시키려고 올림포스 학교로 초청한 것도 놀라운 일이 아니었다!

"아프로디테, 괜찮니?"

제우스가 물었다. 아프로디테는 깜짝 놀라며 얼굴을 붉혔다.

"어머, 교장 선생님, 죄송해요."

아프로디테는 정신을 차리고 다시 프시케 역할로 돌아가서 연기를 계속했다.

"난 당신의 말을 믿지 않아요. 난 그저 한낱 님프일 뿐 불멸의 존재가 아니니까요."

"우아! 쟤네 완전 근사하지 않니?"

판도라가 소곤거렸다. 아르테미스는 고개를 끄덕이고서 대사를 더 잘 들어 보려고 몸을 앞으로 내밀었다. 아르테미스는 무릎에 팔을 짚고 손에 턱을 괸 채 아프로디테와 오리온이 읊는 대사에 귀를 기울였다. 아프로디테의 높은 목소리와 오리온의 낮은 목소리가 얽히자 마치 음악 소리를 듣는 것만 같았다. 아르테미스는 왜 사람들이 연극을 좋아하는지 난생처음 약간이나마 이해할 수 있었다.

얼마 후 아프로디테와 오리온이 대사를 멈추자 한동안 극장에는 정적만이 감돌았다. 그리고 조금 뒤 관객들이 하나둘씩 짝짝짝 박수를 쳤다. 아르테미스는 눈을 깜박이며 자세를 고쳐 앉고서 주위를 둘러보았다. 아프로디테와 오리온의 연기에 빠져서 지금이 오디션일 뿐 본 공연이 아니라는 걸 깜박 잊어버리고 있었다. 제우스 교장 선생님이 다른 학생들에 비해 둘에게 대사 읽을 시간을 더 많이 허락해 준 덕분이기도 했다.

"굉장히 호소력 있는 연기였단다."

제우스는 꽤나 감동 받은 듯 말하더니 오리온을 쳐다보았다.

"넌 처음 보는 학생인데. 새로 왔나?"

오리온은 제우스의 말에 헷갈려 하는 눈치였다.

"어, 네. 교장 선생님께서 저를 초청하셨는데요. 기억나시죠?"

"엉?"

이번에는 제우스가 무슨 영문인지 모르겠다는 표정을 지으며 말했다.

"내가 초청한 인간 학생은 이름이 '오리오 스내어(Orio Snare: snare는 함정, 유혹이라는 뜻을 가진 말—옮긴이)'였는데."

"'오리온 스타'라는 이름으로 불러 주세요."

오리온이 대뜸 끼어들더니 허둥지둥 말을 덧붙였다.

"그게 제 예명이거든요. 인간 세상의 배우 조합에서 보낸 제 이력서를 받지 않으셨나요? 어제 머리가 아홉 달린 행정실 선생님께 복사본을 드렸는데요."

제우스는 어깨를 한 번 으쓱 들었다 놓았다.

"받기는 받았을 거야. 그런데 내 책상에는 이것저것 물건이 잔뜩 쌓여 있어서 말이야. 게다가 난 신들의 제왕이자 하늘을 지배하는 자이며 올림포스 학교의 교장이라 무척 바쁘거든."

그 말에 아르테미스는 빙그레 웃었다. 교장 선생님도 자기처럼 어지르는 편이란 걸 알자 기분이 좋았다. 희망이 있었다. 정리 정돈을 못하고 어지럽혔어도 제우스는 올림포스의 신 가운데에서도 가장 중요한 존재가 되지 않았는가!

"마침 제가 이력서 사본을 또 하나 가지고 있어요."

오리온은 무대에서 풀쩍 뛰어내리더니 자리에서 두루마리 하나를 집어 들었다. 그러고는 제우스에게 가서 파피루스를 펼쳐들고 여러 항목을 쭉 짚어 보였다.

"보시다시피 저는 소포클레스의 비극 〈엘렉트라〉와 에우리피데스의 〈메데이아〉에서 주연을 맡았고요……."

오리온이 자기 이력을 줄줄 늘어놓자 관람석에 앉아 있던 학생들이 짜증을 내기 시작했다.

"완전 자랑쟁이잖아."

아폴론이 투덜거렸다.

"오리온은 교장 선생님께 자신의 경력이 풍부하다는 걸 알리려는 것뿐이야."

아르테미스는 어깨 너머로 인상을 쓰며 말했다.

'왜 아폴론은 오리온을 나쁘게만 보려는 거지? 오리온은 이 역할을 정말로 간절히 원하고 있어.

게다가 저렇게 자기 입으로 자기 자랑을 줄줄이 늘어놓으면 다른 아이들이 곱게 보지 않는다는 걸 전혀 몰라서 그러는 건데. 나중에 오리온에게 적당히 돌려서 말해 줘야겠어. 다른 애들한테 자기 장점을 굳이 말하지 않아도 된다고 말이야. 딱 봐도 얼마나 대단한지 눈에 훤히 보이는걸!'

"활을 잘 쏘나?"

제우스가 불쑥 물었다.

"활이요?"

오리온이 되묻자 제우스가 대답했다.

"그래, 연극 속에서 에로스가 마법의 화살을 쏘잖아. 그래서 활쏘기에 능한지 묻는 거야."

오리온이 대답했다.

"어, 음, 뭐, 저야 타고난 명궁수죠. 하지만 안타깝게도 지금 활을 가져오지 않았습니다."

그러자 아폴론이 자리에서 벌떡 일어섰다.

"필요하면 내 활을 쓰도록 해."

아폴론은 옆 의자에 놓아둔 활을 집어 들어 앞으로 내밀었다.

관람석 뒤쪽에서 아레스가 깔깔거리는 소리가 아르테미스한테까지 들려왔다. 아레스는 이따금씩 학교 아이들에게 아주 짓

굳게 굴었다. 아레스가 소리쳤다.

"그거 좋은 생각이네! 어이, 오리온. 아폴론의 친절을 받아들여야지."

아르테미스는 고개를 돌려 아레스와 아폴론을 노려보았다.

아폴론은 평소에 다른 사람들이 절대 자기 활을 만지지 못하게 했다. 그러니 지금 활을 내어 주겠다는 건 오리온의 실력이 형편없기를 바라며 창피를 주려는 의도가 분명했다. 아레스도 그 눈치를 채고서 옆에서 같이 부추기고 있었다.

'아, 남자애들은 때때로 정말 짜증나게 군다니까.'

오리온은 횃불을 본 사슴처럼 잠시 얼어붙어 있다가 얼른 대답했다.

"다른 사람의 활을 쓰면 마음이 편하지 않아. 어쨌거나 제안은 고마워."

그러자 제우스가 말했다.

"지금 당장 해 보라는 뜻은 아니었다. 이번 주에 교장실에 들러서 시범을 보이도록 하려무나."

"네. 문제없어요."

오리온은 다시 한 번 당당하게 대답

했다.

제우스가 올림포스 학교 전령에게 손짓을 하자 전령이 우렁차게 외쳤다.

"지금부터 조연 역할 오디션을 시작하겠습니다!"

디리링!

조연 역할에 지원하는 아이들이 무대에 올라 대본을 읽기 시작하자 오리온은 자리를 떴다. 그러자 아르테미스도 자리에서 벌떡 일어나며 아폴론에게 말했다.

"오리온에게 시리우스를 돌려줘야 해. 금방 돌아올 테니까 같이 활쏘기 연습하자."

아폴론이 뭐라고 반대하기 전에 아르테미스는 얼른 검은 단발머리를 매만지고 키톤의 주름을 펴고서 화살집과 활을 어깨에 둘러멨다.

"가자, 얘들아."

아르테미스는 개들을 일으켜 세워서 통로로 몰았다. 그러면서도 눈은 오리온이 움직이는 방향만 바라보고 있었다.

시리우스가 앞장서서 오리온을 향해 날쌔게 달려가더니 아르테미스가 미처 도착하기 전에 벌써 오리온의 품으로 폴짝 뛰어들었다. 그리고는 행복한 듯이 오리온의 얼굴에 코를 부볐다.

"개를 돌려주러 왔어."

시리우스의 흥분이 가라앉자 아르테미스가 말했다.

"응?"

오리온은 아르테미스를 처음 만나는 듯이 눈을 껌벅이며 쳐다보았다.

"사냥의 여신 아르테미스, 기억 안 나? 네 사물함에서 두 칸 위를 쓰는 아이? 어제 네가 나한테 시리우스를 돌봐 달라고 부탁했잖아. 난 널 연극학 교실에 데려다 줬고. 응?"

'맙소사, 모든 말이 질문으로 튀어나오다니 꼭 판도라 같잖아!'

문득 오리온은 아르테미스가 어깨에 활과 화살집을 걸고 있다는 걸 알아차렸다. 갑자기 오리온의 파란 눈동자가 흥미롭다는 듯이 반짝이기 시작했다.

"아, 그래. 이제 기억나네. 야, 너 혹시 그거 잘 쏘니?"

"뭐, 활 말이야?"

아르테미스는 오리온의 눈길이 닿는 곳을 확인하더니 대답했다.

"응, 활에 있어서는 내가 우리 학교 최고야. 쌍둥이 동생 아폴론을 빼고는 말이야."

아르테미스는 관람석 쪽을 흘깃 쳐다보았다. 아폴론은 친구들과 이야기를 나누고 있었다.

"언제 같이 연습할래?"

아르테미스의 고개가 오리온 쪽으로 휙 돌아갔다. 오리온은 눈부신 미소를 지으며 아르테미스에게 묻고 있었다.

'지금 나한테 데이트하자고 하는 건가?'

아르테미스의 심장이 빠르게 쿵쿵거리기 시작했다. 오리온이 긴 속눈썹으로 둘러싸인 사랑스러운 푸른 눈동자를 깜박이고 있었다. 그렇지만 절대로 그 정도에 마음이 떨리고 무릎이 후들거리는 여신으로 보이고 싶지는 않았다.

아르테미스는 아무렇지도 않은 척 대답했다.

"활쏘기 연습? 너랑? 그래, 해 보지 뭐."

"지금은 어때?"

"그래."

아르테미스는 아무 생각 없이 대답했다가 그제야 아폴론 생각이 났다.

"잠깐만. 아, 잊을 뻔했네. 내 동생 아폴론이랑 같이 연습하기로 약속해 뒀어. 너한테 활을 빌려 주겠다고 한 아이가 아폴론이야. 곧

활쏘기 대회가 다가오거든. 그래서…….”

"잘됐네. 그럼 너랑 아폴론 둘 다 날 도와주면 두 배나 빨리 배울 수 있을 거야.”

"어, 그, 그래. 그런데 너 아까 교장 선생님께 활을 쏠 줄 안다고 말했잖아?”

오리온은 어깨를 으쓱하더니 빙그레 웃었다.

"사실 솜씨를 좀 다듬어야 해. 활을 안 쏜 지 한참 되어서 말이야.”

아르테미스는 고개를 끄덕였다.

'부디 아폴론이 싫어하지 않아야 할 텐데.'

아르테미스와 아폴론은 거의 매일 같이 연습했고, 아폴론은 자신이 즐기는 운동에 다른 아이가 관심 갖는 것을 좋아했다.

'아폴론도 오리온을 더 잘 알게 되면 그렇게 심하게 굴지는 않을 거야.'

"그럼 조금 있다가 운동장에서 만나자.”

오리온은 아르테미스 너머를 쳐다보며 말을 이었다.

"일단 팬들부터 만나 줘야 해서 말이야.”

"팬?”

아르테미스는 뒤쪽으로 고개를 돌렸다. 대여섯 명의 여학생

이 오리온을 만나려고 아르테미스 뒤에 서서 기다리고 있었다.

오리온이 고개를 끄덕이며 말했다.

"오리온 공식 팬클럽을 만들자는 이야기가 있거든."

오리온은 활짝 웃으며 어깨를 으쓱했다. 마치 '그건 내 생각이 아니었어. 하지만 어쩔 수 없잖아?'라고 말하는 것 같았다. 이내 오리온은 아르테미스 곁을 떠나서 기다리고 있는 여자애들에게 다가갔다. 그러자 여자아이들이 불꽃을 향해 달려드는 부나방처럼 오리온을 에워싸더니 단체로 한숨을 폭 쉬었다. 시리우스는 자리에 풀썩 주저앉아 참을성 있게 주인을 기다리기 시작했다. 오리온이 모든 이의 관심을 받는 데도, 그리고 주인이 잠깐잠깐 짬이 날 때만 자신을 돌봐 주는 데도 익숙해져 있는 모양이었다.

아르테미스는 아폴론을 찾아 주변을 두리번거렸다. 아폴론은 아직도 아레스, 포세이돈, 디오니소스와 이야기를 나누고 있었다. 아폴론과 소년 신들은 오리온과 이제 막 싹트고 있는 오리온 팬클럽을 업신여기는 눈빛으로 쳐다보고 있었다.

'설마 쟤네 지금 질투하는 거야?'

적어도 남자아이들이 오리온 숭배에 동참할 일은 없을 것 같았다. 아르테미스도 합리적인 생각이라는 걸 한다면 이런 정신

나간 짝사랑은 그만둬야 했다. 하지만 아르테미스는 지금까지 한 번도 누군가에게 마음을 줘 본 경험이 없었고, 그래서 어떻게 하면 오리온을 향한 자신의 감정을 바꿀 수 있는지 전혀 몰랐다. 아니 그걸 바꿀 수는 있는 건지, 바꾸기를 원하는지조차 알 수 없었다.

아르테미스는 아폴론을 향해 소리쳤다.

"활쏘기 연습할까?"

5 활쏘기 연습

"명중!"

화살이 과녁 한가운데에 박히자 아폴론은 허공을 향해 주먹을 쳐들었다.

"60미터 거리에서 과녁 중심을 맞힌 건 이번이 처음이야. 아르테미스, 올해 활쏘기 대회 우승은 벌써 우리 차지나 다름없어."

"그래, 아폴론⋯⋯. 잘했어⋯⋯. 만점이네⋯⋯."

아르테미스는 웅얼웅얼 대답했다. 아르테미스와 아폴론은 한 시간째 새 화살을 길들이기 위해 훈련을 하고 있었다. 아르테미스는 계속 학교 건물 쪽을 쳐다보며 올림포스 학교 체육관 뒤의 활터를 왔다 갔다 했다. 근처 올리브나무 그늘 아래에는 아르테미스의 사냥개들이 낮잠을 자고 있었다.

"아르테미스, 뭘 찾고 있어?"

아폴론이 아르테미스의 눈길을 따라가며 물었다.

"어, 음. 그래."

아르테미스가 솔직히 사정을 털어놓았다.

"오리온이 오나 보고 있었어. 오리온의 활쏘기 연습을 도와주겠다고 했거든."

아폴론은 곧바로 인상을 찌푸렸다.

"왜?"

아르테미스는 걸음을 멈추고 아폴론을 쳐다보았다.

"오리온은 여기 새로 왔잖아. 연습에 끼워 주면 좋을 거라고 생각했어."

"하지만 활쏘기 대회가 얼마 남지 않았잖아. 연습 하나하나가 다 중요하단 말이야. 그리고 생일 선물로 받은 새 화살도 길이 들어야 곧게 날아갈 거 아냐."

화살이 목표물에 도착하기 위해 가장 좋은 방향을 찾고, 기류를 이용하도록 길들이는 건 궁수의 몫이었다.

"나도 알아."

　아르테미스는 발사선에 자리를 잡고 서서 과녁을 향해 은 화살을 겨누었다.
　피융!
　아르테미스의 화살이 아폴론의 화살을 갈랐다. 남매는 서로를 바라보며 씩 웃었다. 아르테미스가 덤덤한 목소리로 말했다.
　"우린 이미 올림포스 학교의 최고 궁수야. 그리고 지금까지 우리 학교의 모든 학생과 연습을 함께해 왔어. 그런데 오리온은 왜 안 되는 거야?"
　아폴론은 코를 찡긋했다. 금세 짜증난 표정이 돌아왔다.

"난 그 녀석 마음에 안 들어."

"그 애가 인간이라서?"

"그런 건 절대 아니야!"

아폴론은 허리춤에 손을 얹고 버럭 소리를 질렀다.

"난 그놈이 자기 자신한테 홀딱 빠져 있는 게 싫어!"

아르테미스도 발끈했다.

"아냐, 그렇지 않아. 그 애한테도 기회를 주면 안 돼?"

갑자기 아르테미스의 사냥개들이 짖기 시작했다. 시리우스가 쪼르르 달려오더니 아르테미스 발치에서 깡충깡충 뛰어올랐다. 그러고는 다시 사냥개들과 어울리려고 신이 나서 올리브 나무 쪽으로 달려갔다. 아르테미스가 고개를 돌리자 운동장을 가로질러 걸어오는 오리온이 보였다. 걸음걸이가 어찌나 오만하고 자신감 넘치는지 세상에 거칠 것이 없는 것 같았다. 오리온은 이번에는 아주 잘 어울리는 하늘색 토가를 입고 있었다. 아르테미스는 그 모습을 보고 생각했다.

'흠, 오리온도 아프로디테처럼 때때마다 상황에 맞추어 옷을 갈아입는 건가? 그럼 저건 활쏘기 옷인가 보지?'

아폴론이 아르테미스에게 툭 쏘아붙였다.

"오리온이 디오니소스에게서 주연 자리를 뺏어가도록 도와줄 생각이라면 잘해 봐. 난 그럴 마음 없어."

'아하, 그것 때문에 삐딱선을 탔구나!'

아폴론과 디오니소스는 밴드를 같이 하고 있어서 사이가 아주 좋았다. 하지만 아르테미스는 나름대로 아폴론을 논리적으로 설득해 보려고 했다.

"오리온은 제우스 교장 선생님 앞에서 실력을 보이기 전에 약간 연습이나 하려는 것뿐이야."

"그러든가 말든가. 난 갈 거야."

아폴론은 넌더리 난다는 듯이 활과 화살을 집어 들었다.

"내가 두 남매를 방해하는 건가?"

아르테미스는 고개를 휙 돌렸다. 오리온이 바로 뒤에 서 있었다. 오리온은 활도 화살집도 없이 허리춤에 작은 가방을 메고 손에 나무 화살 세 대만 들고 있었다.

"난 막 가려던 참이야."

아폴론은 오리온을 향해 거짓 미소를 지어 보이며 말했다.

"그럼 둘이 즐거운 시간 보내."

그러자 오리온이 아폴론에게 물었다.

"잠깐만. 내가 화살만 가져왔거든. 그 활 한동안 쓰지 않을 거면 나한테 빌려 주지 않을래?"

오리온은 진짜 겁이 없었다. 그것 하나만큼은 확실했다. 아니면 매번 넘지 말아야 할 선을 쓱 넘어가고 있다는 걸 정말 모르는 모양이었다.

아폴론이 아무 대답 없이 걸어가 버리자 아르테미스가 부랴부랴 나섰다.

"신경 쓰지 마. 아폴론은 아무에게도 활을 빌려 주지 않아. 심지어 나한테도 안 빌려 주는걸."

"괜찮아. 어째서인지 모르지만 늘 여자아이들이 남자아이들보다 나한테 더 따뜻하게 대해 주는 것 같아."

오리온은 새하얀 이를 보이며 싱글싱글 웃었다.

"나도 그렇고 너도 이게 잘 믿기진 않겠지만, 어쨌거나 이 세상 모두가 오의 팬은 아니니까."

"오?"

아르테미스는 순간 움찔했다. 아레스도 가끔 그런 식으로 말하는데, 아르테미스는 그런 아레스를 자만심이 철철 넘치다 못해 지나치다고 여겨 왔기 때문이었다.

"내 예명을 '오'로 줄였어. 오가 오리온보다 더 기억하기 쉽잖아, 안 그래?"

"어, 그럴 수도 있겠다."

아르테미스는 애매하게 대답했다.

"그럼 시작할까?"

오리온이 묻자 아르테미스는 고개를 주억거리며 생각했다.

'혹시 지금이라도 아폴론을 따라가서 돌아오라고 구슬려야 하는 걸까?'

아르테미스와 아폴론은 쌍둥이 남매지간일 뿐 아니라 태어

난 다음부터 지금까지 서로를 가장 친한 친구로 여겼다. 그런 아폴론과 옥신각신하자니 기분이 영 별로였다.

"있잖아, 이렇게 도와줘서 정말 고마워, 아티."

오리온은 크고 빛나는 눈동자로 아르테미스를 그윽하게 바라보며 말을 이었다.

"네가 최고야."

아르테미스는 오리온의 모습에 눈이 부셔서 멍하니 서 있기만 했다. 아르테미스의 얼굴에 바보 같은 웃음이 실실 퍼졌다.

오리온이 아르테미스의 활을 잡으려 손을 뻗었다.

"써도 될까?"

아르테미스는 내심 망설였다. 아폴론과 마찬가지로 아르테미스 역시 다른 사람에게 활을 빌려 주는 게 내키지 않았다. 하지만 활을 빌려 주지 않았다가 오리온이 자신을 싫어할까 봐 겁이 났다.

"그래."

아르테미스는 별일 아닌 척하며 대답했다. 하지만 오리온이 활줄을 잡아서 활을 들려 하자 정신이 번쩍 들었다.

"그렇게 하는 게 아니야! 활줌통을 잡아야지."

"아, 그렇지."

오리온은 활을 잡고서 이리저리 돌렸다.

"나도 알고 있었어."

오리온은 아르테미스의 화살집을 뚫어져라 쳐다보며 은 화살을 대놓고 탐냈다.

"그거 내가 좀……."

"안 돼! 내 화살을 쓸 수는 없어. 이건 활쏘기 대회에 맞춰서 길을 들이는 중이야. 다른 궁수가 쏘면 화살이 헷갈려 해. 넌 그냥 네 화살로 훈련하는 게 나아."

"알았어."

오리온은 얼른 화살의 머리를 브이 자로 에어 낸 오늬를 찾았다. 그러더니 활시위의 엉뚱한 자리에 걸고서 오른손으로 활을 들어 올렸다.

자세를 제대로 잡고 시작하라며 아르테미스가 잔소리를 하려는데 오리온의 손에서 화살대가 스르륵 미끄러졌다. 화살의 날카로운 촉이 발아래 땅에 쿡 박혔다.

아르테미스는 깜짝 놀라 화살과 오리온을 번갈아 쳐다보았다. 아폴론이 남아서 이 사태를 보지 않은 게 그나마 다행이었다. 봤더라면 아마 자지러지게 웃어 댔을 터였다.

"내가 쓰던 활이랑 네 거랑 좀 달라서 말이야."

오리온이 얼른 변명을 했다.

"그래?"

아르테미스는 흥미가 당겨서 물었다.

"난 다른 종류의 활은 본 적이 없어. 네 건 어떻게 생겼는데?"

"설명하기 쉽지 않아."

오리온은 새하얀 이로 입술을 잘근잘근 씹으며 불발된 화살을 땅에서 뽑아 올렸다.

"차라리 네 활은 어떻게 쓰는지 네가 나한테 보여 주는 게 어떨까? 내가 난생처음 활을 쏘는 거라고 치고 말이야. 여기 올림포스 학교에서 하는 식으로 완전히 새로 배웠으면 해."

오리온이 활을 도로 내밀자 아르테미스는 놀라서 되물었다.

"왜?"

"에로스는 신이잖아. 난 연극 속에서 인간의 방식이 아니라 신의 방식으로 활을 쏘고 싶어."

'아하, 그럴 수도 있겠구나.'

아르테미스는 오리온에게 활을

받아 들고 잔디에 그려진 선에 다가섰다.

"좋아. 이게 발사선이야. 활을 들기 전에 이 선 뒤에 서야 해. '클리어'라고 외치기 전에는 절대로 선을 넘어가선 안 돼. 근처에 다른 궁수가 있으면 그 궁수도 '클리어'라고 외쳐서 네게 발사 공간을 비웠다는 걸 알려 줄 거야."

"뜻하지 않게 누가 화살에 맞는 일이 없도록 하기 위해서지?"

오리온이 묻자 아르테미스는 고개를 끄덕이며 대답했다.

"응, 물론 우리 화살은 마법 화살이라서 사고가 발생해도 실제로 상처를 입는 일은 없어. 마법의 연못에 화살을 담가 안전하게 만드니까."

"마법의 연못? 그게 어디인데?"

오리온이 바짝 관심을 가지며 물었다.

"인간 세상에 있어. 야수의 숲 속에."

오리온이 온전히 자신에게만 집중하고 있으니 아르테미스는 온몸이 저릿저릿한 기분이었다.

'오리온도 무대에서 스포트라이트를 받으면 이런 기분이겠지?'

오리온이 다시 눈을 반짝이며 말했다.

"연극의 배경이 된 곳이구나! 이야, 한번 가 보고 싶은걸. 같이 갈 수 있을까?"

아르테미스는 고개를 가로저었다.

"수업 시간 말고는 인간이 그 숲에 들어갈 순 없어."

오리온은 무슨 소리냐는 듯이 눈썹을 추켜세웠다.

"인간 세상에 있는 숲인데도 안 된다는 거야?"

"거긴 불멸의 존재에게도 무시무시한 곳이거든."

아르테미스는 나름 설명을 하려고 애썼다.

"오, 이런. 너 겁먹은 거로구나?"

"그건 물론 아니야."

아르테미스는 거짓말을 했다.

솜씨 좋은 궁수들과 함께 수업 시간에 야수의 숲에 들어가는 것과 완전 초짜, 그중에서도 인간을 데리고 거기 들어가는 것은 차원이 다른 문제였다.

"오, 제발 부탁이야. 한 번만 보고 싶어."

오리온은 멋진 배우의 목소리로 아르테미스를 슬슬 꾀었다.

"실제 배경을 한 번도 보지 못한 채 배역을 제대로 소화해 내기란 쉽지 않아. 난 가능한 내 역할이 무엇을 보고 듣고 느꼈는지 경험해 보고 싶을 뿐이야."

'흠, 일리가 있는 말이야.'

생각해 보면 '인간 출입 금지 규칙'은 진짜 규칙이라기보다는 권장 사항에 가까웠다. 올림포스 학교 학생 중에도 인간이 있었고, 그 학생들은 수업 시간에 야수의 숲을 수없이 드나들었다. 물론 아폴론은 아르테미스가 오리온과 함께 그곳에 가는 걸 반길 리가 없었다. 하지만 그 자리에 없으니 아르테미스더러 하라마라 간섭할 수도 없었다.

게다가 야수의 숲에서 괴물과 마주칠 가능성도 없었다. 오늘은 토요일이라 수업이 없으니 라돈 선생님의 기계가 꺼져 있을 터였다. 마침내 아르테미스가 대답했다.

"좋아, 여기서 잠깐만 기다려."

아르테미스는 체육관으로 달려갔다. 그러고는 문 안쪽에 놓인 바구니에서 마법 샌들 두 켤레를 가져와 오리온에게 한 켤레를 주었다. 샌들에 발을 밀어 넣자 샌들의 끈이 마법처럼 발목을 휘감았다. 아르테미스는 곧바로 땅에서 몇 센티미터 위로 떠올랐다. 그러나 오리온은 아무런 변화가 없었다.

"내가 신은 건 고장 났나 봐."

오리온이 투덜거렸다.

"인간은 불멸의 존재와 손을 잡아야만 마법 샌들의 효력을 쓸 수 있어."

오리온은 손을 내밀어

아르테미스와 손가락을 걸었다. 순간 아르테미스는 숨이 콱 막히고 얼굴이 벌게졌다.

'오리온과 손을 잡다니!'

"우아!"

오리온이 탄성을 질렀다. 오리온은 몸이 붕 뜨면서 중심이 흔들리자 아르테미스의 오른손을 더 꽉 잡았다. 한동안 이리저리 기우뚱거리다 점차 중심을 되찾은 오리온이 아르테미스를 향해 활짝 웃으며 말했다.

"우아, 나 정말 잘하지 않니?"

그 말에 아르테미스는 속으로 생각했다.

'내가 아는 사람 중에 자신감 하나는 네가 정말 최고야. 그건 아마도 좋은 일이겠지?'

어쨌거나 아르테미스는 오리온의 자신감이 매력적으로 느껴졌다. 누구나 자신감 넘치는 사람을 좋아하기 마련이니까.

아르테미스는 수에즈, 넥타, 앰비, 시리우스에게 오리온과 함께 돌아올 때까지 여기서 꼼짝 말고 기다리라고 명령했다. 네 마리는 영 못마땅한 눈치였지만 아르테미스의 입장에서는 야수의 숲에서 오리온에 개들까지 보살필 수는 없었다. 아르테미스는 개들이 낑낑거리는 걸 애써 모른 척하며 활과 화살집을 집어 들고서 오리온에게 말했다.

"가자."

아르테미스와 오리온이 몸을 약간 앞으로 숙이자 샌들이 속력을 내기 시작했다. 그렇게 둘은 야수의 숲으로 향했다!

아르테미스와 오리온은 올림포스 산을 미끄러지듯이 내려가며 구름을 헤치고 인간 세상으로 달려갔다. 오리온이 별처럼 반짝이는 하얀 이를 드러내며 빙그레 웃었다. 아르테미스도 오리온을 향해 미소 지었다.

아르테미스는 스스로에게 물었다.

'살면서 지금보다 더 완벽한 순간이 있었나? 아니, 지금이 가장 완벽해!'

야수의 숲에 다다르자 오리온이 말했다.

"이야, 짱 신 난다!"

"그래."

아르테미스는 고개를 끄덕이며 맹세했다.

'이제 평생 이 손은 안 씻을 거야.'

야수의 숲에는 오후 안개가 나지막이 깔려 있었다. 멀리 잔잔한 수면이 햇빛에 일렁이고, 연못 주변에는 환상적인 나무들이 굽이치고 있었다. 아르테미스는 그쪽을 가리키며 말했다.

"저곳이 내가 말했던 마법의 연못이야."

아르테미스와 오리온이 땅 가까이 내려서자 6미터쯤 떨어진 곳에서 표적이 올라오더니 연못 바로 옆에서 맴돌았다.

오리온이 말했다.

"어, 여기 혹시 활쏘기 연습장이니? 저 표적을 쏘는 거야?"

아르테미스는 고개를 끄덕이며 오리온을 더 아래로 이끌었다. 마침내 아르테미스가 마지못해 오리온의 손을 놓자 두 아이는 곧 땅에 발을 딛고 섰다. 아르테미스와 오리온은 마법 샌들을 벗고 활쏘기 장비를 꺼냈다.

"좋아. 시작하자."

아르테미스는 바로 본론으로 들어갔다.

"그러니까 일단 네가 한 번도 활을 쏘아 본 적이 없는 셈 치자는 거지?"

오리온이 고개를 끄덕이자 아르테미스는 활을 만지며 각 부분의 이름을 알려 주었다.

"이건 활대, 줌통, 시위야."

이어서 아르테미스는 화살을 하나 뽑아 들고 깃털이 달린 끝부분을 보여 주었다.

"여기 오늬 보이지?"

오리온이 고개를 가까이 들이밀자 아르테미스의 심장이 더 빠르게 쿵쾅거렸다.

"여기 끝에 옴폭 파인 곳 말이야."

"으흠."

아르테미스는 얼른 오늬를 활시위에 끼우고서 화살촉을 반대편 손 위에 올리는 법을 보여 주었다. 그런 다음 제대로 된 자세를 보여 주기 위해 땅에 그려진 발사선 뒤에 서서 활을 들어 올렸다. 아르테미스는 천천히 조심스럽게 시위를 잡아당기고서 과녁을 향해 화살을 조준했다.

"조준……. 발사!"

아르테미스가 시위를 놓자 화살이 과녁을 향해 피융 하고 날아갔다.

"명중이다!"

오리온이 소리쳤다. 오리온은 감탄하는 눈으로 아르테미스를 바라보았다.

"야, 너 잘한다!"

아르테미스는 방긋 웃으며 활을 오리온에게 넘기고서 오리온이 발사선으로 향하는 모습을 지켜보았다. 이번에는 자세가 훨씬 좋았다. 그러나 오리온의 나무 화살은 과녁에서 한참 떨어

진 곳으로 날아가 버렸다.

그 뒤로 한 시간이나 더 연습을 했지만, 아르테미스는 오리온의 실력에 대해 슬슬 걱정이 되기 시작했다. 이제 오리온은 화살을 과녁에 맞히기는 했다. 하지만 가운데는 어림도 없었고, 제우스 교장 선생님 앞에서 자신의 실력을 증명해 보일 수 있는 수준도 아니었다. 대놓고 말하지는 않았지만 아르테미스가 보기에 결국 에로스 역할은 디오니소스에게 돌아갈 것 같았다. 그리고 당연히 그렇게 되는 게 옳았다. 오리온도 디오니소스도 훌륭한 배우였지만 굳이 한 명을 골라야 한다면 활을 잘 쏘는 디오니소스 쪽이 배역에 더 어울리기 때문이었다.

한참 시간이 흐른 후 아르테미스가 말했다.

"늦었어. 이제 그만 돌아가자."

오리온은 고개를 끄덕였다.

"내가 화살을 주워 올게."

이번에도 오리온은 '클리어' 신호를 깜박한 채 멋대로 움직였다. 하지만 이미 연습을 끝냈기 때문에 아르테미스는 오리온을 굳이 야단치지 않았다.

오리온이 숲으로 들어간 동안 아르테미스는 마법 샌들을 신으려고 나무 밑에 자리를 잡고 앉았다. 그런데 문득 나지막이 쉭쉭거리는 소리가 들렸다. 아르테미스는 고개를 들고서 나뭇가지를 올려다보았다.

'바람에 나뭇잎이 살랑대는 소리인가?'

하지만 모든 것이 잠잠하기만 했다. 그런데 이번에는 다른 소리가 들려왔다.

철컥! 철컥! 철컥!

"오리온, 이게 무슨 소리야?"

아르테미스가 소리쳐 물었다. 아르테미스는 오리온 쪽으로 고개를 돌렸다가 심장이 철렁하고 말았다. 오리온에게서 1.5미터 정도 떨어진 곳에 괴물이 서 있었다. 오리온의 두 배 정도 되는 몸집에, 집게처럼 생긴 턱, 여덟 개의 다리, 검고 번들거리는 껍질. 그것은 거대한 전갈이었다!

지금까지 두루마리 교과서에서만 보았지 실제로 전갈을 보는 것은 아르테미스도 처음이었다. 그제야 아르테미스는 가끔씩 라돈 선생님이 새로 만든 괴물이나 야수를 주말에 시험해 본다는 게 떠올랐다. 그 전갈은 아르테미스와 오리온이 연습하는 내내 연못 옆의 바위에 누워 햇볕을 쬐면서 두 아이가 공격 거리 안으로 들어오기만을 기다리고 있었던 게 틀림없었다.

"저리 가!"

오리온이 손을 마구 휘저으며 고함을 질렀다. 그러자 아르테미스가 소리쳤다.

"오리온, 그렇게 해 봐야 소용없어. 차라리 그냥 잠잠히 있어."

오리온이 허옇게 질린 얼굴로 온몸을 벌벌 떨자 아르테미스는 깜짝 놀랐다.

'아니, 그 넘치는 자신감은 다 어디로 갔대?'

전갈이 철컥거리며 오리온에게 다가가더니 독침이 달린 꼬리를 높이 들어 올렸다.

아르테미스는 자리에서 벌떡 일어섰다

'오리온은 인간이야. 공격당했다가는 죽을 수도 있어! 아이 참, 난 뭣하러 저 앨 여기 데려온 걸까?'

아르테미스는 순간적으로 머릿속이 하얘지면서 어찌해야 좋을지 아무 생각도 떠오르지 않았다. 오리온은 화살을 여섯 대나 손에 쥐고 있었지만 정작 활이 없어서 아무것도 할 수 없었다.

"사람 살려!"

전갈이 오리온의 목을 향해 꼬리를 치켜들자 오리온은 바닥에 넙죽 엎드려서 두 손으로 머리를 감쌌다.

상황을 보니 용기를 내어 둘의 목숨을 구해 낼 이는 아르테미스밖에 없었다. 물론 그 순간 아르테미스도 용기가 팍팍 솟아오르는 건 아니었지만 어쩔 수가 없었다. 아르테미스는 활을 주워 들고서 일단 눈앞에 펼쳐진 대재앙을 향해 달려들었다. 막상 괴물 앞에 서면 어찌해야 할지 뾰족한 수가 없기는 아르테미스도 매한가지였다. 전갈이 공격을 하려는 바로 그 순간, 아르테미스는 오리온 곁에 이르러서 활을 치켜들어 전갈의 날카로운 꼬리 끝에 걸었다. 놀란 전갈은 순간적으로 오리온에 대해서는 까맣게 잊어버린 채 활을 빼내려고 꼬리를 사납게 휘둘렀다. 활이 전갈의 꼬리에서 떨어져 나가더니 아르테미스의 머리 위를 지나 화살집을 놓아둔 나무 아래에 툭 떨어졌다.

철컥! 철컥! 철컥!

전갈이 다시 두 아이 쪽으로 돌아섰다. 아까보다 더 화가 난 것 같았다.

"우린 끝장이야!"

오리온이 비명을 질렀다.

오리온은 겁을 먹고서 아르테미스 뒤에 숨으려고 했다. 아르테미스는 오리온이 엄마를 찾으며 징징거리는 소리를 들은 것도 같았지만 확실하지는 않았다. 순간 오리온이 허리에 메고 있던 가방에서 뭔가 데굴데굴 굴러 나왔다. 몸신 스프레이였다!

전갈이 다시 두 아이를 덮치려는 그때, 아르테미스는 무릎을 꿇고 앉아 스프레이를 주워 들었다. 그런 다음 전갈 쪽으로 분사구를 겨누었다.

피쉭!

아르테미스가 스프레이를 뿌려 대자 전갈의 몸이 아름다운 반짝이로 뒤덮였다. 괴물은 충격을 받았는지 꼼짝하지 않았다. 그러더니 모습이 깜박이면서 사라졌다가 다시 나타나기를 반복했다.

"저놈이 어떻게 된 거야?"

오리온이 깩깩거리는 목소리로 물었다.

"알게 뭐야? 어서 뛰어!"

아르테미스가 버럭 소리를 질렀다. 그 즉시 오리온은 화살을 손에 쥔 채 도망치기 시작했다. 그러자 전갈은 꼬리를 사납게 흔들어서 아르테미스가 손에 들고 있던 스프레이를 날려 버렸다. 아르테미스는 마법 샌들 덕분에 속력이 더 빠른 점을 이용해서 달려가며 오리온의 토가 뒷자락을 붙잡아 오리온을 나무 아래로 끌어다 놓았다. 그곳에서 오리온은 허겁지겁 마법 샌들을 신고, 아르테미스는 활을 집어 들었다.

'아, 활이 무사하구나! 신이시여, 감사합니다.'

샌들의 끈이 오리온의 발목을 휘감자, 아르테미스는 오리온의 손을 잡았다. 둘은 깜박이는 괴물을 뒤에 남겨 둔 채 올림포스 학교로 향했다.

학교에 도착할 즈음 아르테미스는 다시 냉정을 되찾았다.

"저기, 있잖아. 날 구해 줘서 정말 고마워."

학교 현관문에 놓인 바구니로 샌들을 던져 넣으며 오리온이 말했다.

"너 정말 대단했어. 헤라클레스만큼이나 용감하더라! 물론 난 이 일을 우리 선에서 덮었으면 해. 날 그 숲에 데려간 것 때문에 네가 곤란을 겪는 건 바라지 않아."

오리온은 손을 들어 아르테미스의 어깨를 가볍게 툭 쳤다. 그건 아폴론이 친구들에게, 그중에서도 남자아이들에게 하는 행동이었다.

"그래, 그러자."

아르테미스는 대답하면서 속으로 한숨을 쉬었다.

'사실 오리온이 날 바라보는 시선은 이런 건가? 그냥 흔한 남자아이? 아니면 보통 친구? 그런데 난 왜 또 그 사실이 이렇게 언짢은 거지?'

오리온은 들고 있던 여섯 대의 화살 가운데 셋을 골라 아르테미스의 화살집에 넣어 주었다.

"활쏘기를 가르쳐 준 것도 고마워. 이제 오디션 문제를 해결할 수 있을 것 같아."

그 말에 아르테미스는 기가 막혀서 오리온을 멀뚱멀뚱 바라보았다.

'얜 자기 실력이 얼마나 형편없는지 정말 모르는 걸까? 누구라도 머리가 반쯤만 달려 있다면 오리온이 준비가 덜 됐다는 걸 알 정도인데 말이야. 전갈이 너무 무서워서 말 그대로 분별력이 날아가 버린 거 아냐?'

아르테미스는 조심스럽게 물었다.

"정말 괜찮겠어? 다음번에는 야수의 숲이 아니라 학교 운동장에서 연습해 보자."

"괜찮아."

오리온은 다정하게 아르테미스의 등을 툭 쳤다.

"여러 가지로 고마웠어. 또 보자, 아티."

그 말만 남기고 오리온은 가 버렸다.

아르테미스는 떠나는 오리온을 가만히 지켜보았다. 아르테미스의 얼굴에는 애타는 마음이 가득 담겨 있었다.

"내 이름은 아르테미스야."

아르테미스는 조용히 읊조렸다. 그러나 오리온은 이미 멀리 있어서 아르테미스의 목소리를 들을 수 없었다.

'난 왜 아직도 저 애를 좋아하는 거지?'

아르테미스 스스로도 궁금하기 짝이 없었다. 오리온은 아르테미스가 동경할 만한 점을 갖추고 있지 않았다. 용감한 것도 아니고, 때때로 그다지 솔직하지 않다는 느낌마저 들었다.

'그래도 귀엽잖아. 짱 귀엽지. 그리고 재미있고, 아주 화려하잖아.'

오리온이 곁에 있으면 아르테미스는 세상이 훨씬 더 밝아지는 것 같았다.

'하지만 그걸로 충분할까? 그런 면이 오리온의 약점을 덮을 정도가 될까?'

어쨌거나 오리온은 자신의 목숨을 구해 준 데 대해서 고맙다고 했다. 적어도 그 인사는 진심인 것 같았고, 정중했다.

'다른 남자애들 같으면 여자한테 구출되었다고 부끄러워했을 거야. 그런데 오리온은 그렇지 않은 것 같아. 나도 여자라는 걸 알기나 하는 걸까?'

아르테미스가 그 문제에 대해서 좀 더 골똘히 생각해 보려 할 때 뭔가 아르테미스의 손을 툭 건드렸다. 개의 차갑고 촉촉한

코였다.

"이런 착한 녀석들 같으니라고."

아르테미스는 허리를 숙이고 개들의 목덜미를 북북 긁어 주었다. 네 마리 다 지시한 대로 아르테미스가 돌아올 때까지 참을성 있게 기다리고 있었다.

"얘들아, 너희는 전부 수컷이니까 혹시 알지도 모르겠다. 왜 오리온은 날 여자애로 보지 않고 남자 친구처럼 여기는 거니?"

아르테미스의 질문에 대한 대답으로 수에즈는 총명한 표정으로 컹컹 짖었고, 앰비와 넥타는 혀를 빼물고서 아르테미스의 얼굴을 주의 깊게 쳐다보았다. 개가 말을 할 수 없다는 게 안타까울 뿐이었다.

"괜찮아. 너희가 할 수 있다면 기꺼이 날 도와주었을 거란 거 알아. 얘들아, 가자. 뭣 좀 신 나게 먹어 보자고."

6 파란만장 드라마

 월요일 점심시간에 아르테미스는 아프로디테, 아테나, 페르세포네와 함께 학교 식당의 늘 앉는 자리에 앉아 있었다. 넥타르로니를 이미 해치운 네 친구는 후식으로 암브로시아 아이스크림을 즐기고 있었다. 아이스크림을 먹던 아르테미스가 아프로디테에게 물었다.

 "어떻게 하면 남자애가 날 좋아하게 만들어?"

 아르테미스 생각에 아프로디테는 사랑과 미의 여신이니 분명히 그 비밀을 알고 있을 것 같았다.

 친구들은 충격에 휩싸여 한동안 아르테미스를 멍하니 쳐다보았다. 마침내 아테나가 숟가락을 조심스럽게 내려놓으며 말했다.

"나 지금 기절할 것 같아."

페르세포네도 거들었다.

"여기 기절할 사람 하나 추가요. 아니, 그러니까, 너 진짜 아르테미스 맞아? 우리 친구 아르테미스가 남자한테 관심이 생겼단 말이야?"

"내가 언젠가는 그런 날이 올 거라고 했잖아."

아프로디테가 다정하게 말하자 아테나가 대꾸했다.

"하지만 지금 우리가 이야기 나누고 있는 대상은 아르테미스라고. 우리가 남자애들이나 짝사랑 이야기를 꺼낼 때마다 토할 것 같다고 하던 여신 아르테미스 말이야."

아르테미스는 손을 휘저으며 친구들의 주의를 끌었다.

"어, 얘들아? 나 여기 있거든. 다 듣고 있다고."

그러자 페르세포네가 말했다.

"아르테미스, 미안해. 하지만 이건 정말 놀라

운 사건이잖아. 게다가 너무 갑작스러워! 너 진짜 진지하게 하는 말이야?"

아르테미스는 탁자에 두 손을 올리며 고개를 끄덕였다.

"아주 진지해. 그래, 나도 좋아하는 애가 생겼어. 그리고 그 애도 날 좋아해 줬으면 해."

그러자 아프로디테가 추측을 내어놓았다.

"오리온이지?"

"어떻게 알았어?"

아르테미스는 고개를 갸웃하더니 갑자기 의심스러운 눈초리로 물었다.

"아프로디테, 너 설마 나한테 일부러 그 애를 좋아하게 만드는 사랑의 묘약 같은 거 뿌린 거 아니지?"

"당연히 아니지!"

아르테미스는 지지 않고 계속 캐물었다.

"그럼 내가 누굴 좋아하는지 어떻게 알아맞힌 거야? 정작 본인도 내가 좋아하는 걸 모르는데."

"난 사랑의 여신이잖아. 이런 건 눈에 다 보여."

그 말에 아르테미스는 한숨을 폭 쉬었다.

"문제는 오리온이 날 여자애로 보지 않는다는 거야. 아폴론이 친구들이랑 하는 것처럼 내 등을 툭 친다니까. 심지어 이름도 '아티'라고 불러."

"어머!"

페르세포네는 안됐다는 표정을 지어 보였다.

리라 종이 울리자 아르테미스는 자리에서 일어나 그릇을 반납하러 갔다. 나머지 친구들도 자리에서 일어섰다.

다 함께 식당을 나설 때 아프로디테가 말했다.

"연애 문제에 대해서야 기꺼이 이것저것 귀띔해 줄 수 있지. 일단 첫 번째는 오리온이 곁에 있을 때 절대로 반한 티를 내지 마. 그냥 느긋하게 평소의 네 멋진 모습을 그대로 보여 줘."

아르테미스는 완전히 헷갈린다는 얼굴로 아프로디테를 바라보았다.

"그건 안 통할 것 같은데. 여자 친구로 아무나 택할 수 있다면 왜 나처럼 밋밋한 애를 고르겠어? 오리온은 자기 좋다는 애들이 아예 팬클럽으로 있는걸. 그리고 아까 말했다시피 그 애는 날 남자로 여긴다니까."

그러자 페르세포네가 자기 생각을 밝혔다.

"하데스는 내가 거짓 모습을 버리고 있는 그대로 행동할 때 날 더 좋아했어. 난 아프로디테의 말이 옳다고 생각해."

아르테미스는 말없이 아테나를 쳐다보며 의견을 물었다.

"어, 나한테 묻지 마. 난 지금껏 남자 친구를 사귄 적이 없잖아. 그런데 내가 보기에 남자애들은 능력 있는 여자애를 동경하는 것 같더라."

"어떤 능력 말이야?"

"예를 들면 활쏘기 같은 거?"

아테나는 일부러 딱 꼬집어 말했다.

그러나 아르테미스는 다시 한숨만 내쉬었다. 친구들은 아르테미스의 있는 모습 그대로를 좋아했고, 그건 아르테미스의 질문에 답이 되지 않았다.

'뭐, 그 있는 모습 그대로란 게 사실 친구들이 그리는 내 모습이지만 말이야. 내가 생각만큼 그렇게 자신만만하지 않다는 걸 알면 얼마나 놀랄까?'

친구들은 자신들이 좋아하는 아르테미스의 모습을 남자애들도 그대로 좋아할 거라고 생각하는 모양이었다.

아프로디테가 조언을 했다.

"그냥 네 모습 그대로 있으면 돼. 만약 오리온이 진실한 네 모습을 좋아하지 않는다면 그런 애는 사귈 가치가 없어."

아르테미스는 고개를 끄덕이며 사물함으로 향했다. 하지만

여전히 좀 막막한 기분이었다. 아르테미스가 바라는 대로 오리온이 자신을 좋아하게 만들 방법을 배우기는 한 건지 확신이 서지 않았다. 아니 어쩌면 오리온도 아르테미스를 좋아하는지도 몰랐다. 복도에서 아르테미스를 발견한 오리온이 대뜸 달려와서 아르테미스를 꼭 끌어안더니만 그대로 들어 올려서 빙글빙글 도는 것이었다.

"짱 멋진 소식이 있어!"

오리온이 아르테미스를 내려놓으며 말했다.

"내가 역을 따냈어! 제우스 교장 선생님이 에로스 역할을 나한테 맡기기로 하셨단 말이야!"

아르테미스는 놀라서 오리온을 물끄러미 쳐다만 보았다. 연습할 때만 해도 오리온의 활쏘기 실력은 형편없었다.

'활을 제대로 쏘지도 못하는데 어떻게 주연을 따낸 걸까?'

오리온 너머로 디오니소스와 아폴론이 사물함 곁에 서서 이야기를 나누는 모습이 보였다. 아르테미스는 디오니소스가 역을 놓친 데 대해 약간 죄책감이 들었다.

'하지만 어쩔 수 없잖아?'

"아티, 대사 연습하는 데 네 도움이 필요해."

오리온이 아르테미스의 주의를 다시 잡아끌었다. 오리온의 반짝이는 눈동자를 올려다보자 아르테미스는 그 잘생긴 얼굴에 새삼 얼이 빠졌다.

'잘생기고 반짝반짝하는 남자애가 그 많은 여자아이들을 다 마다하고서 나랑 어울리고 싶어 한단 말이지? 이건 얼토당토않은 아니, 짱 멋진 일이야!'

아르테미스는 얼른 대답했다.

"그래. 도와줄게."

거의 2주가 지난 어느 날, 아르테미스는 원형 극장에 앉아 연극 〈사랑의 화살〉의 리허설을 지켜보고 있었다. 무대에서는 아프로디테와 오리온이 각각 맡은 역할을 연기하고 있고, 제우스는 맨 앞줄에 앉아 지시를 내리고 있었다. 아르테미스는 여태껏 오리온이 활을 쏘는 걸 본 적이 없었다. 하지만 내일부터는 의상과 분장뿐만 아니라 활까지 모두 갖추고 연습하는 드레스 리허설이 처음으로 열린다. 아르테미스는 드레스 리허설 때 과연 어떤 일이 벌어질지 은근히 걱정이 되었다.

"하지만 에로스 님, 전 당신을 사랑하지 않아요."

아프로디테가 자기 대사를 읊었다.

"천만에요. 그저 에로스 님이 저를 사랑한다고 생각할 뿐이에요. 에로스 님이 사랑에 빠트리는 화살을 실수로 자기 자신에게 쏘지 않았다면 애당초 우리 둘 다 사랑에 빠질 일이 없었을 거예요."

아프로디테는 머뭇거리더니 다음 대사를 기억해 내려는 듯이 눈썹을 찌푸렸다. 리허설이 거의 끝나가도록 아프로디테는 한 번도 실수를 하지 않는데 처음으로 대사를 잊어버린 모양이었다.

"지는 절대로 결혼하지 않을 거라고 맹세했다는 걸 말씀드려야겠군요."

아르테미스가 대사를 외쳤다. 아르테미스는 손에 대본을 들고 셋째 줄 가운데 자리에 앉아 있었다. 오리온이 만약 대사를 잊으면 알려 달라고 부탁했기 때문이었다. 그러나 지금껏 오리온은 대사를 잊은 적이 없어서 아르테미스는 필요할 때마다 다른 배우를 도와주고 있었다.

"아르테미스, 고마워!"

아프로디테가 소리쳐 인사하고서 대사를 말하자, 오리온이 연기를 시작했다.

"그건 당신이 잔인한 여신의 마법에 걸려들어 누구도 사랑할 수 없다는 잘못된 믿음을 가지고 있기 때문이에요."

아프로디테는 오리온을 향해 돌아서서 다음 대사를 말하려고 입을 열었다. 그러나 아프로디테가 뭐라고 말을 꺼내기도 전에 오리온이 먼저 대사를 쳤다.

"당신이 나를 믿지 않는다는 걸 알고 있어요. 난 신이지만 당신은 님프라서 불멸의 존재가 아니라는 것 때문이지요."

아르테미스는 혼란스러워하며 자세를 고쳐 앉았다. 오리온은 아프로디테의 대사를 살짝 바꿔서 프시케 대신 에로스가 그 대사를 하는 게 훨씬 설득력 있도록 만들고 있었다! 오리온은 그리고도 자신이 연기할 부분을 훨씬 지나서 계속 대사를 읊어 갔다.

"그건 아프로디테의 대사야."

아르테미스와 제우스가 동시에 지적했다.

"예, 저도 알아요."

오리온은 제우스를 향해 활짝 웃으며 말했다.

"하지만 에로스가 그 말을 하는 게 훨씬 설득력 있다고 생각하지 않으세요?"

"아니, 전혀."

제우스가 커다란 머리를 절레절레 흔들자 헝클어진 붉은 곱슬머리가 사방으로 나부꼈다.

"하지만 제가 그 대사를 말했을 때 관객이 훨씬 깊이 공감할 거라고 생각하지 않으세요?"

오리온은 계속 고집을 피웠다.

"아니, 전혀."

그러나 제우스의 대답은 여전히 같았다.

"어째 오리온이 아프로디테의 대사를 훔치려는 것 같은걸?"

아프로디테의 뒤에서 누군가 속삭였다. 아르테미스가 그쪽으로 고개를 돌리자 페르세포네가 다가와서 옆에 앉았다.

"대사를 훔치는 게 아냐. 그저 오리온과 제우스 교장 선생님의 예술적 관점에 차이가 있는 것뿐이야."

아르테미스가 힘주어 대답했다.

지난주 오리온과 함께 대본 연습을 하는 동안 오리온은 아르테미스에게 예술적 관점의 차이에 대해 자세히 일러 주었다. 보아하니 오리온은 괴팍한 연출가들과 종종 예술적 관점의 차이에 부딪치는 모양이었다. 사실 제우스 교장 선생님도 쉽게 어울릴 수 있는 분은 아니었다. 따지고 보면 역사 교과서는 제우스 교장 선생님의 들쑥날쑥한 기분 때문에 생긴 문제로 뒤덮여 있을 정도였다.

"교장 선생님, 한 가지만 더 말씀드릴게요."

오리온이 제우스의 주의를 끌며 덧붙였다.

"포세이돈이 물 위를 걷는 장면 말인데요. 제 생각에는 에로스가 물 위를 걸으면 더 흥미롭지 않을까 싶어요. 에로스의 신적인 힘을 강하게 드러낼 수 있을 테니까요. 그리고 디오니소스가 무시무시한 전갈과 싸우는 장면에서도 에로스가 전투를 벌이는 게 더 좋을 것 같은데요."

아르테미스는 오리온의 뒤쪽에 서 있던 포세이돈과 디오니소스가 칼 대신 눈길로 오리온의 등을 찌르는 걸 볼 수 있었다. 둘은 어찌나 화가 났는지, 하데스가 배경에 그려 놓은 용처럼 입에서 불길을 뿜어내도 놀랍지 않을 정도였다.

"일단 지금은 대본대로 진행하자꾸나."

제우스가 대답했다.

"하지만……."

오리온이 또 토를 달자 제우스는 두툼한 손을 들어 올렸다.

"네 제안은 생각해 보마."

오리온이 그 말에 어느 정도 수그러들자 리허설이 다시 이어졌다. 리허설이 끝나고 제우스가 배우들을 해산시키자 오리온은 아프로디테에게 다가갔다. 오리온이 손짓까지 해 가며 뭐라 뭐라 열심히 말하자 아프로디테가 인상을 팍 찌푸렸다. 잠시 후 아프로디테는 쿵쾅거리며 무대에서 내려왔다. 오리온은 자신이 아프로디테에게 어떤 영향을 미쳤는지 전혀 알아차리지 못한 채 이번에는 디오니소스와 포세이돈에게 갔다. 오리온이 어떤 것을 지적하자 디오니소스와 포세이돈도 마찬가지로 짜증을 냈다.

아르테미스와 페르세포네는 자리에서 벌떡 일어나서 아프로디테 곁으로 갔다.

"오리온이 뭐라고 한 거야?"

페르세포네가 묻자 아프로디테는 불평을 늘어놓았다.

"계속 나한테 연기를 가르치려고 들어. 완전 자기가 연출가인 줄 안다니까!"

"그냥 널 도우려는 것뿐일 거야."

아르테미스는 오리온을 두둔하며 속으로 생각했다.

'오리온은 이번 연극에 나오는 아이들 중에서 가장 무대 경험이 많잖아.'

그러자 아프로디테가 얼굴을 찌푸리며 말했다.

"그런 뜻이라 해도 전혀 도움이 되지 않아. 아르테미스, 네가 오리온을 좀 말려 줄래?"

"내가? 왜 네가 직접 말하지 않고?"

"난 이미 말했어. 그런데 저 앤 도무지 내 말을 들으려 하지 않아. 처음에는 불쌍한 디오니소스에게서 주연을 빼앗더니 이젠 그걸로도 모자라는가 봐. 모두에게서 가장 멋진 대사와 출연 장면을 훔쳐서 자기 역할을 점점 크게 만들려 하고 있어. 아르테미스, 난 점점 아폴론이 오리온을 제대로 본 게 아닌가 하는 생각이 들어. 오리온은 너무 자기밖에 몰라."

"오리온이 야심 있는 편이긴 한 것 같아."

페르세포네는 아프로디테의 말을 더 부드럽게 표현했다.

사실 아르테미스도 오리온의 야심 때문에 어느 정도 애를 먹고 있었다. 그러나 아르테미스는 자신의 염려를 한쪽으로 쓱 밀어 버렸다.

"오리온은 스타 대우를 받는 데 익숙해서……."

"왜 넌 자꾸 그 애 편을 드는 거야?"

아프로디테가 아르테미스의 말을 확 잘랐다.

"왜냐하면……."

아르테미스가 우물쭈물하자 아프로디테는 팔짱을 끼고 톡 쏘아붙이며 말했다.

"왜냐하면 넌 그 애를 좋아하니까."

아르테미스는 어쩐지 부끄러워서 어깨를 으쓱해 보였다.

"왜냐하면 난 오리온이 짱 멋지다고 생각하니까."

그러자 아프로디테가 짜증을 냈다.

"그 '짱'이라는 말 좀 제발 쓰지 마. 너 요즘 꼭 오리온처럼 말하는 거 알아? 그리고 이 말 절대 칭찬이 아니야."

아르테미스는 페르세포네를 쳐다보며 도와주었으면 하고 바랐다. 사실 페르세포네기 처음 하데스를 만나기 시작했을 때 아르테미스를 포함해서 그 누구도 하데스를 좋게 보지 않았다. 그러니 페르세포네라면 아르테미스가 어떤 입장인지 이해할 것 같았다. 하지만 페르세포네는 어깨를 으쓱할 뿐이었다.

"아프로디테 말이 맞아. 지난주 내내 넌 입만 열면 오리온 이야기를 했어. 오리온이 이러쿵, 오리온이 저러쿵. 누가 오리온에 대해서 안 좋은 말이라도 할라치면 넌 바로 그 애 편을 들잖아."

페르세포네의 말에 아르테미스는 살짝 짜증이 났다.

"네가 오리온을 좋아하지 않아서 유감이야. 하지만 난 그 애가 흥미롭다고 생각해. 네가 하데스를 흥미롭게 여기는 만큼 말이야."

아르테미스는 충동을 이기지 못하고 말을 덧붙였다.

"넌 내가, 그리고 다른 모든 아이가 하데스에 대해서 잘못 생각한 것처럼 너도 오리온을 잘못 봤을 수 있다고는 생각하지 않니?"

페르세포네는 머뭇거리며 대답했다.

"그럴 수도 있겠지."

그러자 아프로디테가 한숨을 푹 쉬었다.

"좋아, 그 점에서는 아르테미스 네 말이 옳아. 이제 다른 이야기 하자. 이번 주말에 다 같이 쇼핑하러 가는 거지? 아테나는 합창단이랑 리허설 하느라 바쁘지만 내일 오후에는 갈 수 있을 거라고 했어."

"아르테미스!"

오리온이 손가락을 딱 튕기며 말했다.

"내 대본 어디 있지?"

오리온의 목소리가 들리자 아르테미스는 화들짝 놀라더니 목청 높여 대답했다.

"그리로 가져갈게!"

이어 아르테미스는 목소리를 낮추어 친구들에게 말했다.

"미안해. 이번 주에는 못 가. 다음 주 연극이 시작되기 전에 오리온이 대사 연습하는 걸 도와주기로 약속했거든. 너희끼리 좋은 시간 보내렴."

그 말에 아프로디테는 몇 걸음 저벅저벅 걸어가더니 뒤로 휙 돌아서서 아르테미스를 노려보았다.

"우정의 첫 번째 규칙은 남자 때문에 우정을 저버리는 일이 결코, 절대로 있어서는 안 된다는 거야."

페르세포네는 아르테미스의 팔을 살짝 잡았다.

"아르테미스, 우리는 네가 상처 입는 걸 원하지 않아. 우리가 한 말 잘 생각해 봐, 알았지?"

'지금 페르세포네가 대체 무슨 소리를 하는 거야?'

아르테미스는 이해할 수가 없었다.

'왜 내가 상처를 입는다는 거야? 나랑 오리온은 천문학적으로 잘 지내고 있는걸. 어머, 됐네, 됐어. 오리온은 다른 누구보다 나랑 가장 많은 시간을 보내고 있거든.'

"아르테미스?"

오리온이 재촉했다.

"나 가야 돼."

아르테미스는 친구들에게 인사하고 쌩하니 달려갔다.

'윽.'

어디로 가는지 살피지 않은 탓에 아르테미스는 극장 중간 즈음에서 아폴론과 딱 마주치고 말았다.

"내가 너 여기 있을 줄 알았지."

아폴론이 말했다.

"엉?"

그제야 아르테미스는 아폴론이 활과 화살집을 들고 있다는 사실을 알아차렸다. 아르테미스는 경악하며 손을 입에 가져다 댔다.

"오, 맙소사! 오늘 오후에 활쏘기 연습이 있다는 걸 깜박했네."

아폴론의 얼굴이 딱딱하게 굳었다.

"그래."

"아폴론, 미안해. 연극 일을 하느라 잊었나 봐."

그러자 아폴론은 기가 막힌 듯이 눈썹을 추켜세웠다.

"아르테미스, 도대체 언제부터 네가 활쏘기보다 연극을 더 좋아하게 된 거야?"

아르테미스는 어깨를 으쓱했다.

"그게 그러니까……."

아르테미스의 눈길이 무대와 오리온에게 향했다. 아폴론은

아르테미스의 눈길이 향한 곳을 보더니 눈을 가늘게 떴다.

"난 도무지 이해가 안 돼. 넌 도대체 저 녀석의 어디가 좋은 거야?"

그 말에 아르테미스는 발끈했다.

"그럼 넌 그 다프네라는 님프의 어디가 좋은 건데?"

"엉? 난 너도 다프네를 좋아하는 줄 알았는데. 그 앤 상냥하고, 또……."

아폴론은 상황이 역전되었다는 걸 깨닫자 바로 얼굴이 벌게졌다.

"어, 정곡을 찔려 버렸네."

그러자 아르테미스도 한결 부드럽게 말했다.

"우선 난 오리온이 무대에 서면 꼭 마술을 보는 것 같아. 저 앤 연기를 정말 잘해."

"그래, '연기'는 잘하지."

아폴론은 마지못해 인정했다.

"넌 저 녀석이 널 마음대로 부리려고 널 좋아하는 '척'한다고 생각해 본 적 없어?"

아르테미스는 마치 아폴론의 화살에 맞아 상처를 입기라도 한 듯 주춤 뒤로 물러섰다. 아폴론은 자신이 뱉은 말을 후회하는 듯했다. 그러나 아르테미스는 아폴론에게 사과나 해명을 할 기회를 주지 않았다. 아르테미스는 이제 머리끝까지 화가 나 있었다.

"내 문제는 신경 끄고 네 일이나 걱정해."

아르테미스는 자리를 뜨며 매섭게 외쳤다.

"내일 아침 대회에서 보자고."

7
발사

다음 날 아침 아르테미스는 벌써 나갔어야 할 시간에 아직도 방에 있었다. 이미 방을 몇 번이나 미친 듯이 뒤졌지만 친구들이 선물로 준 은 화살을 도무지 찾을 수가 없었다.

"옵시스! 록소스! 헤카에르고스!"

지금까지 화살의 이름을 백만 번은 부른 것 같았다.

'왜 화살들이 모습을 보이지 않는 거지?'

아르테미스는 물건을 이리저리 집어던지면서 마지막으로 한 번 더 화살을 찾았다. 그때 누군가 방문을 똑똑 두드렸다. 아르테미스가 소리쳐 대답했다.

"들어와!"

아프로디테가 방문을 휙 열더니 고개를 빼꼼 들이밀었다. 아프로디테는 가짜 불새 깃털 장식이 달린 연분홍 잠옷 차림으로 서서 늘어지게 하품을 했다. 이제 막 일어난 참인데도 아프로디테는 아름답기만 했다.

"아르테미스, 아침부터 이게 무슨 소동이야?"

"내 은 화살이 안 보여."

"아니 이 난장판 속에서 뭘 잃어버렸다고? 어떻게 그런 일이 가능하지?"

아프로디테는 슬쩍 아르테미스를 놀려 댔다. 순간적으로 어제 서로 말다툼했던 걸 잊어버린 모양이었다. 아니면 아직 잠이 덜 깬 건지도 몰랐다.

"이건 중요한 문제란 말이야!"

아르테미스는 짜증을 냈다.

"오늘이 활쏘기 대회 날이잖아. 아침 일찍 아폴론과 올림픽 운동장에서 만나기로 했는데 아직 방에서 나가지도 못했어."

아프로디테는 갑자기 정신이 번쩍 들기라도 하는 듯 자세를 바로잡더니 방 안으로 들어왔다.

"아르테미스, 마지막으로 화살을 본 게 언제야?"

아르테미스는 잠시 기억을 더듬어 보았다. 오리온을 야수의 숲으로 데리고 갔던 날 후로 화살을 본 적이 없었다. 아르테미스는 솔직히 털어놓았다.

"몇 주 전이야."

대답을 하면서 아르테미스는 그 후로 활쏘기 연습을 전혀 하지 않았다는 사실을 깨달았다. 수업이 끝나면 아르테미스는 모든 시간을 오리온과 오리온이 원하거나 필요로 하는 것에 쏟아부었다. 친구도, 동생도, 그리고 활쏘기마저 외면했고, 심지어 숙제도 제대로 못하고 있었다.

"좋아, 겁먹지 마. 내가 도와줄게."

아프로디테는 바닥에 흐트러진 옷 무더기, 개 장난감, 오래전 학교 숙제, 운동 기구들 사이로 뛰어들었다.

"어머! 안녕, 수에즈. 안녕, 앰비. 넥타, 너도 안녕."

산더미 같은 빨랫감 아래에서 사냥개들이 재채기를 하고 있는 걸 아프로디테가 발견하고서 인사를 건네는 소리가 들렸다. 아프로디테는 잡동사니 속으로 더 깊숙이 파고들며 물건을 치워 나갔다. 꼬깃꼬깃 주름진 키톤이 나오는가 하면, 아르테미스가 저학년 때 그린 개 그림이 둘둘 말려 나왔다. 거기에다 역기며, 부서진 투창 경기용 창, 촌스러운 화장에 삐죽삐죽한 가발을 씌운 마네킹 머리도 나왔다. 마네킹 머리가 어찌나 무서었는지 아프로디테는 겁을 먹고서 냅다 던져 버렸다.

"어, 아프로디테! 그거 내가 3학년 때 미모학 숙제로 만든 거란 말이야. 어쩐지 그게 어디로 갔나 했어."

아르테미스는 마네킹 머리를 집어 들더니 가발을 한 번 톡톡 두드린 다음 어깨 너머로 휙 던져 버렸다. 그러고는 다시 화살을 찾기 시작했다.

이제 완전히 잠이 깬 아르테미스의 개들은 잡동사니 사이로 킁킁 냄새를 맡으며 수색에 동참했다. 사실 개들은 아르테미스와 아프로디테가 정확히 무엇을 찾고 있는지 몰랐지만 뭔가를 후벼 파는 일이라면 언제든지 함께할 준비가 되어 있었다.

마침내 아프로디테가 승리의 기쁨에 찬 얼굴로 난장판 속에서 모습을 쑥 드러냈다.

"찾았어!"

아프로디테가 손에 든 화살을 치켜들어 보이자 아르테미스는 그제야 마음을 놓으며 빙그레 웃었다.

"아, 다행이다."

아르테미스는 아프로디테에게서 화살을 건네받으며 화살에게 물었다.

"이봐, 옵시스, 록소스, 헤카에르고스. 내가 불렀을 때 왜 응

답하지 않았어?"

화살은 여전히 아무 반응이 없었지만 아르테미스는 이유를 생각하고 있을 틈이 없었다. 아르테미스는 얼른 화살을 화살집에 넣고서 문으로 달려갔다. 그러다 뒤로 휙 돌아서더니 아프로디테를 바라보았다.

"아프로디테, 내게 행운을 빌어 주지 않을래?"

아프로디테가 연극 오디션을 볼 때 아르테미스에게 했던 것과 똑같은 부탁이었다. 아르테미스를 향해 방긋 웃는 걸 보니 아프로디테도 그 일을 기억하고 있는 것 같았다.

"아르테미스, 다 쓰러뜨려 버려!"

아프로디테도 똑같은 대답을 하자 아르테미스는 씩 웃었다. 드디어 아프로디테의 마음이 풀린 모양이었다.

"나 갈게!"

아르테미스는 사냥개들을 이끌고서 복도로 달려 나갔다. 그러자 아프로디테가 소리쳐 약속했다.

"나도 옷 갈아입고 바로 따라갈 거야. 관중석에서 네 경기 지켜볼게."

"고마워!"

아르테미스와 사냥개들은 복도와 계단을 나는 듯이 달려 내려가서 학교 뜰을 가로질렀다. 순식간에 아르테미스는 체육관 뒤의 활터에 도착했다. 벌써 심판을 맡은 제우스를 비롯하여 열 개 팀의 선수와 구경꾼이 모두 모여 있었다.

"휴, 오긴 왔구나."

아폴론은 아르테미스를 보고 크게 안심하는 것 같았다.

"당연하지. 난 너랑 한 팀인걸. 어제 내가 올 거라고 말했잖아!"

그러자 아폴론이 되받아쳤다.

"요즘 들어 너란 아이가 어떻게 나올지 도통 알 수가 있어야지. 게다가 넌 연습 시간도 놓쳐 버렸잖아. 이제 본 경기가 시작될 참이란 말이야."

아르테미스는 아폴론이 비난을 퍼붓자 당황해서 저도 모르게 움찔했다. 최근 자신이 아폴론을 여러 번 실망시켰다는 걸 아르테미스도 알고 있었다.

'오늘은 꼭 잘해서 아폴론과 반드시 화해할 거야.'

아르테미스와 아폴론이 지켜보는 사이, 첫 번째 팀의 두 궁수가 발사선으로 다가갔다. 그리고 차례로 각 팀이 출전했다. 다들 실력이 좋았지만 역시 아르테미스와 아폴론이 한 수 위였다. 첫 번째 시합이 거의 끝나 가면서 아르테미스와 아폴론의 차례가 왔다. 둘은 발사선으로 다가섰다. 드디어 실력을 마음껏 뽐낼 시간이 왔다.

"안녕, 아티."

누군가 소리쳐 불렀다. 아르테미스는 고개를 들어 위를 바라보았다.

"오리온? 너 여기서 뭐 하는 거야?"

"너랑 마찬가지야. 시합 중이지."

오리온이 활을 들어 보였다. 이번에는 오리온도 한쪽 어깨에 화살집을 걸치고 있었다.

"너 혼자 나온 거야?"

아르테미스가 묻자 오리온은 싱글싱글 웃었다.

"응, 안 될 이유가 없잖아? 꼭 팀으로 나와야 한다는 규칙이 있는 것도 아니고 말이야. 내가 두 번 쏘면 되는걸."

"어휴, 인물 났다, 인물 났어. 어련하시겠어?"

아폴론은 딱 아르테미스에게만 들리는 목소리로 오리온을 비웃었다.

"저 녀석, 우리한테 경쟁 상대가 되기나 하는 거야?"

아르테미스도 속에서 웃음이 쿡쿡 밀려 올라와서 손으로 입을 막고 웃음을 참았다.

"음, 아마 아닐걸."

아르테미스가 오리온을 좋아하기는 하지만, 오리온이 형편없는 궁수인 것만큼은 사실이었다.

아르테미스는 속으로 생각했다.

'아니, 왜 굳이 대회에 나오겠다는 거야? 그리고 왜 나한테 대회에 나온다는 말을 하지 않은 거지? 오리온의 실력이 엉망이라는 걸 제우스 교장 선생님이 알게 되면 배역을 놓칠 수도 있을 텐데. 오리온이 그런 창피를 당하는 건 일단 나부터 싫어.'

"아르테미스? 아폴론? 너희 차례다."

제우스 교장 선생님의 우렁찬 목소리에 아르테미스는 퍼뜩 생각에서 깨어났다.

아폴론은 오리온 앞에서 실력을 자랑하고, 동시에 경기에서 이기고 싶어 안달이 나 있던 터라 먼저 화살을 날렸다. 아폴론의 황금 화살은 똑바로 날아가며 천상천하 밴드의 노래 한 소절을 불렀다.

나 황금 리라 켜며 노래하리니
대자연도 소리 모아 함께하리라.

탁!

"명중! 10점!"

제우스가 외쳤다.

"잘했어."

아르테미스는 아폴론과 자리를 바꾸며 낮은 소리로 격려한 다음 활 쏠 준비를 했다.

"아르테미스!"

웬 목소리가 아르테미스의 이름을 외쳐 불렀다. 아르테미스는 소리가 난 쪽으로 눈길을 돌렸다. 관중석에 아프로디테, 페르세포네, 아테나가 아르테미스와 아폴론을 응원하러 와 있었다. 하데스, 포세이돈, 디오니소스도 함께였다.

아르테미스는 친구들을 향해 고개를 까딱이고는 다시 경기에 주의를 집중하고서 첫 번째 화살을 시위에 걸었다. 화살에 햇빛이 닿는 순간 아르테미스는 뭔가 잘못되었다는 것을 알아차렸다. 화살이 지나치게 반짝거리는 데다 색깔도 은색이 아니라 금색이었다.

"어떻게 된 거야?"

아폴론이 아르테미스의 화살을 보며 물었다.

"생일 선물로 받은 은 화살을 쓰려던 거 아니었어?"

"맞아. 이게 어디서 난 건지 나도 모르겠어. 어쨌거나 이건 내 화살이 아니야."

"다음!"

제우스가 버럭 소리를 질렀다. 목소리를 들어 보니 제우스는 기다리느라 짜증이 난 것 같았다. 가지고 있는 화살을 이용하는 수밖에 달리 방법이 없었다. 아르테미스는 발사선에 서서 조심스럽게 조준을 한 다음 시위를 놓았다.

피용!

화살은 과녁의 한가운데를 향해 똑바로 날아갔다. 그러나 과녁의 1미터쯤 앞에 이르자 갑자기 화살이 불안정하게 흔들리기 시작하더니 아래로 툭 떨어져서 땅에 박히고 말았다. 화살이 과녁에 채 닿지도 못한 것이다!

아르테미스는 너무 충격을 받아서 멍하니 서서 앞만 멀뚱멀뚱 바라보았다. 아르테미스 인생에서 이런 일은 결코, 단 한 번도 일어난 적이 없었다.

"네 이름이 그래서 아티미스(Artie-miss: 아르테미스를 줄인 아티와 '놓치다'라는 뜻의 miss를 붙여서 만든 말—옮긴이)로구나."

오리온이 소리치자 관중석에 앉아 있던 오리온의 팬들이 깔깔대며 웃었다. 오리온은 팬들의 반응에 기분이 좋아서 입이 헤벌쭉 벌어졌다.

"어떻게 된 거야?"

아폴론이 아르테미스에게 물었다.

"나도 모르겠어."

아르테미스는 너무 창피해서 과녁에만 시선을 고정한 채 머릿속으로 조금 전의 장면을 몇 번이고 되돌려 보았다.

"아르테미스, 연습에 더 시간을 쏟았어야지."

아폴론이 나무라자 아르테미스가 반발했다.

"너도 이게 연습 시간의 문제가 아니란 걸 알잖아. 문제는 저 화살이야! 저 화살은 정말, 정말 형편없는 궁수한테 길들여져 있어."

자기 차례가 된 오리온이 발사선 중간에 섰다. 오리온은 자세도 엉망이고, 기술도 엉성했다. 하지만 오리온이 활을 쏘자 화살은 일직선으로 날아가서 아폴론의 화살을 쫙 가르며 과녁의 한가운데에 꽂혔다.

아폴론이 입을 딱 벌리며 말했다.

"맙소사! 오리온이 내 화살을 정확히 반으로 갈라 버렸어. 그 정도로 실력이 뛰어난 궁수는 너밖에 없는데."

일차전이 드디어 끝났다. 클리어 신호가 떨어지자 모든 선수가 자신의 화살을 거두러 과녁으로 다가갔다.

　아르테미스는 자기 화살을 땅에서 뽑아 들고 자세히 살펴보았다. 뭔가 영 이상했다. 아르테미스는 손톱으로 화살대를 슬쩍 긁어 보았다. 그러자 화살대의 재질이 드러났다. 화살대는 금속이 아니라 나무에 반짝이 칠을 한 것뿐이었다! 게다가 그 금색 반짝이는 오리온이 몸에 뿌리는 스프레이랑 색깔이 똑같았다.

　그 순간 아르테미스의 머릿속에 제우스의 번개처럼 번쩍하고 지나가는 게 있었다.

　'야수의 숲에 갔던 날, 나무 아래에 앉아 있을 때 들었던 쉭쉭거리는 소리! 그건 오리온이 자기 나무 화살에 몸신 스프레이를 뿌리는 소리였던 거야! 그리고 나서 나중에 내 화살집에 자기 화살을 넣고, 내 화살은 자기가 가져간 거였어.'

오리온이 과녁에서 화살을 빼내고서 아르테미스 앞을 지나갔다. 오리온이 지나간 자리에 상큼한 꽃향기가 남았다.

'향수구나!'

페르세포네가 아르테미스의 생일 선물 화살에 썼다는 향과 똑같은 향이었다.

'내 짐작이 맞았어. 오리온이 은 화살을 훔쳐 간 거야! 아폴론과 함께 연습할 때 몇 시간이나 애쓰며 길을 들여놓았는데. 내 화살을 쓴 거라면 오리온이 그렇게 잘 쏘는 것도 전혀 놀랍지 않아! 만약 그 날 숲에서 내 화살을 가로챈 거라면 에로스 역할을 따내기 위한 시험에서도 내 화살을 쓴 거야. 디오니소스를 물리치고 주연을 따낸 것도 그런 식이었단 말이지!'

아르테미스는 가슴이 턱 막혀서 숨을 쉬기가 어려웠다. 오리온은 사기를 쳐서 디오니소스에게서 배역을 훔쳤고, 아르테미스를 이용해 먹고 속이기까지 했다. 오리온은 아르테미스에게 눈곱만큼도 관심이 없었다. 아니, 사실 오리온은 누구에게도 관심이 없고, 오로지 자기 자신밖에 몰랐다. 어디서든 자기가 주인공이 되기만 하면 오리온은 그저 행복해했다.

'친구들이 오리온을 제대로 본 게 맞았어. 하지만 오리온은 그냥 자기중심적인 게 아니라 짱 왕짜증 나는 이기주의자야!'

아르테미스는 눈을 깜박이며 눈물을 참았다.

'도대체 왜 내가 저런 애를 좋아했던 거지?'

아르테미스는 마음을 진정시키고서 아폴론에게 말했다.

"미안해. 나 때문에 시합에 지게 되었어."

아폴론은 고개를 절레절레 저었지만 잘잘못을 토론하고 있을 겨를이 없었다. 두 번째 시합이 시작되고 또다시 같은 일이 벌어졌다. 아폴론은 과녁 정중앙을 맞혔고, 아르테미스의 활은 과녁에 다가가지도 못한 채 땅에 박히고 말았다. 한편 오리온은 과녁 한가운데를 맞히기는 했지만 이번에는 아주 약간 옆으로 비껴 맞았다. 오리온의 조준이 하도 엉터리라서 아르테미스가 공들여 길들인 화살이 흔들리고 있었다.

아폴론이 말했다.

"인정하고 싶지 않지만, 저 녀석 실력이 꽤 좋아."

그러자 아르테미스가 딱 잘라 말했다.

"아니야. 오리온은 지금 사기를 치고 있어. 내 화살을 쓰고 있단 말이야."

오리온은 팀 동료가 없기 때문에 혼자서 두 번을 쏠 수 있었다. 오리온이 두 번째 화살을 시위에 걸고 쏠 준비를 하자, 아르테미스는 팔꿈치로 아폴론을 쿡 찔렀다.

"잘 봐. 저게 정말 내 화살이라면 오리온의 명령이 아니라 내 명령을 들을 거야."

오리온이 화살을 날리자 아르테미스는 주문을 외웠다.

"곧고 곧은 은 화살아, 저 녀석의 볼기짝을 꽉 찔러 버려라!"

날아가던 화살이 곧바로 아르테미스의 주문에 반응을 보였다. 화살이 허공에서 휙 방향을 틀어서 오리온의 엉덩이에 박혔다.

"으악! 으악!"

오리온은 두 손으로 엉덩이를 감싼 채 펄쩍펄쩍 뛰며 비명을 질렀다.

"누가 좀 도와줘! 치료를 받아야 한단 말이야! 그리고 새 토가도 필요해!"

아르테미스는 눈을 빙글빙글 굴리더니 버럭 소리를 질렀다.

"어휴, 연기 좀 그만해."

"그래, 그건 공연을 위해서 아껴 둬야지."

아폴론은 팔짱을 끼며 말을 이었다.

"우리 화살은 마법의 화살이란 말이야. 약간 따끔하기는 하

겠지만 네가 진짜로 다치지는 않았다는 걸 모두가 알고 있어. 너 자신도 그 사실을 잘 알고 있고."

오리온은 아무 대답이 없었다. 하지만 오리온의 연기가 너무 뛰어나서 구경꾼들이 오리온을 걱정하며 모여드는 바람에 대회가 잠시 중단되고 말았다.

관중석에 있던 가디스 걸스 친구들이 아르테미스를 향해 다가오라는 손짓을 했다. 아르테미스가 가까이 가자 페르세포네가 물었다.

"지금 도대체 무슨 일이 있었던 거야?"

아르테미스는 태연하게 대답했다.

"오리온이 자신의 가장 민감한 곳에 화살을 날렸어."

"그게 볼기야?"

아테나가 묻자 아르테미스는 활짝 웃었다.

"아니, 지나친 자부심."

"이야, 그거 어마어마하게 큰 과녁인걸."

아프로디테가 거들자 모두 까르르 웃음을 터뜨렸다. 아르테미스는 오리온이 혼자 있는 걸 보고 얼른 친구들에게 말했다.

"애들아, 시합 보러 와 줘서 고마워. 이따가 보자."

오리온에게 다가가던 아르테미스는 친구들의 얼굴에 걱정이

어리는 걸 보았다. 친구들은 아르테미스가 아직도 오리온을 좋아한다고 생각하고 있었다.

'얘들아, 그건 아니야. 난 이제 오리온이 짱 멍청이라는 걸 깨달았거든. 오리온이랑은 완전히 끝이야.'

아르테미스는 오리온을 향해 달려가더니 오리온의 화살집에서 은 화살을 확 잡아챘다. 대신 나무 화살을 내밀었다.

"자, 이게 네 화살이잖아."

"어, 그래? 어떻게 화살이 뒤바뀐 거지? 희한하네."

오리온은 깜짝 놀라는 척했다. 어찌나 연기가 훌륭한지 아르테미스는 하마터면 오리온의 영문을 모르겠다는 듯한 순진한 표정에 넘어갈 뻔했다. 그러나 거의 넘어갈 뻔했지 완전히 넘어간 것은 아니었다.

"그래, 정말 희한한걸."

아르테미스는 이번엔 적당히 빠져나갈 수 없다는 걸 알려 주기 위해 오리온을 빤히 쏘아보았다.

"네가 화살을 엉터리로 다루는 바람에 나쁜 버릇을 고치려면 훈련을 몇 시간이나 더 해야 해. 귀찮게 해 줘서 정말 눈물나게 고맙구나."

아르테미스는 휙 뒤돌아서서 아폴론을 향해 저벅저벅 걸어

갔다. 뒤에 남은 오리온은 여전히 다친 척하며 절뚝절뚝 걸으며 운동장을 떠났다. 아르테미스의 화살을 쓸 수 없게 되자 대회에 계속 참가하기 두려운 모양이었다.

아르테미스가 다가서자 아폴론이 물었다.

"난 도무지 이해가 안 돼. 왜 오리온이 네 화살을 가지고 있는 거야?"

아르테미스는 솔직하게 사정을 털어놓았다.

"내가 그 애를 야수의 숲에 데리고 갔어."

아폴론은 입을 떡 벌렸다.

"뭐? 왜?"

아르테미스는 어깨를 으쓱했다.

"사연이 좀 복잡해."

"어련하겠어."

아폴론은 화가 나서 씩씩거렸다.

시작이 하도 엉망이었기 때문에 결국 아르테미스와 아폴론은 경기에서 크게 패하고 말았다. 아르테미스는 아폴론이 머리끝까지 화가 났다는 걸 알 수 있었다. 아폴론의 분노가 사그라질 때까지 혼자 내버려 두고 싶은 생각도 있었지만 아르테미스는 마음을 단단히 다져 먹고 옳은 일을 하기로 했다. 그것은 바로 사과였다.

"미안해."

아르테미스는 관중석을 향해 걸어가는 내내 아폴론의 곁을 지켰다.

"당연히 미안해야지."

아폴론이 툴툴거렸다. 아폴론은 디오니소스를 비롯한 자기 친구들을 향해 손을 흔들더니 아르테미스를 혼자 남겨 둔 채 앞질러서 훌쩍 떠나 버렸다.

아르테미스는 입을 딱 벌리고 멍하니 아폴론의 뒷모습만 바라보았다. 지금까지 둘은 늘 서로 돕고 의지하고 격려하며 지냈다. 지금까지 아르테미스는 아폴론과 사이좋게 지내는 걸 너무나 당연하게 여겼다. 그러나 바로 이 순간 아폴론은 아르테미스에게 불같이 화가 나 있었다. 아르테미스는 너무나 외로웠다. 어떻게 하면 아폴론과 사이를 회복할 수 있는지 알 수가 없었다. 아르테미스는 이번 일로 적어도 한 가지는 확실히 깨닫게 되었다.

'오리온 같은 녀석 때문에 친구들과 싸우는 건 정말 어리석은 짓이야.'

8
바람맞다

 월요일 아침, 아르테미스는 사물함 앞에서 오리온을 보았다. 처음에는 바로 돌아서서 그 자리를 뜨고 싶었다. 그러나 아르테미스는 몸을 숙이고서 개들을 어루만지며 잠시 생각을 가다듬어 보았다.

 아르테미스가 수에즈에게 속삭였다.

 "아니, 그건 겁쟁이나 하는 짓이야, 그렇지? 게다가 내 사물함에서 두 칸 아래가 그 애 사물함인걸. 언젠가는 오리온과 마주치게 되어 있어. 차라리 오리온을 마주하고 사이를 정리하는 게 나아."

 수에즈는 안됐다는 듯이 아르테미스의 손을 핥아 주었다.

"아티! 소식 못 들었지?"

아르테미스가 가까이 다가가자 오리온이 소리쳤다. 오리온은 어제 아무 일도 없었다는 듯이 행동했다. 아르테미스의 화살을 훔친 일도, 놀린 일도, 속인 일도 없었다는 듯이. 자신은 아무런 잘못도 저지르지 않았다는 식이었다. 아니, 오리온은 아예 입이 찢어져라 웃고 있었다. 신이 나서 자기 사물함을 싹 비우고 있었다.

"무슨 소식?"

아르테미스는 허리를 숙이고 시리우스를 얼른 한 번 쓰다듬어 주었다.

'하필 이따위 주인을 만난 건 시리우스 탓이 아니잖아.'

아르테미스가 필요한 두루마리 교과서를 찾아서 사물함을 뒤지는 동안 오리온은 계속 떠들어 댔다.

"헤르메스가 지금 막 인간 세상에서 보낸 편지를 배달해 줬어. 그리스에서 가장 큰 극장인 디오니소스 극장에서 새로 연극을 하는데, 거기 스타급 배우가 짱 독한 감기에 걸렸나 봐! 기침에, 콧물에, 아주 골고루 걸린 모양이더라고."

오리온은 다른 배우가 감기에 걸린 게 아주 기쁜 듯했다.

"그게 좋은 소식이야?"

아르테미스가 사물함을 닫으며 묻자 오리온은 어깨에 메고 있는 가방에 나머지 소지품을 쑤셔 넣으며 대답했다.

"그럼! 왜냐하면 그 덕분에 나한테 배역을 맡겠느냐고 연락이 왔으니까!"

아르테미스는 어쩐지 불안한 예감이 스멀스멀 들었다.

"어, 그래? 그 연극은 언제 시작하는데?"

"당장! 헤르메스가 날 인간 세상으로 데려가려고 밖에 전차를 대고서 기다리고 있어."

아르테미스는 저도 모르게 입을 딱 벌렸다.

"뭐? 학교 연극이 이제 일주일밖에 안 남았잖아."

오리온은 어깨를 으쓱하더니 대답했다.

"그건 그만둬야지 뭐."

오리온은 사물함 문을 닫고서 복도를 걸어갔다. 시리우스가 뒤를 졸랑졸랑 따랐다.

"뭐? 그만둔다고? 그럴 수는 없어!"

아르테미스는 오리온을 쫓아가며 말했다.

"벌써 표도 팔렸고, 지금까지 여럿이 힘을 합쳐 리허설도 하고 무대도 만들었잖아. 다른 배우들은 어떻게 하라고? 그리고 네 팬들은?"

"물론 팬들을 실망시키게 된 건 미안하게 생각해. 하지만 이번 제안을 그냥 지나치기에는 너무 좋은 기회야. 게다가……."

오리온은 엉덩이를 문질렀다.

"여기 올림포스 학교는 너무 위험해. 어제 화살에 얼굴을 맞았더라면 어쩔 뻔했어? 내 완벽한 얼굴이 망가질 수도 있었잖아."

오리온은 손가락을 딱 튕기며 덧붙였다.

"그랬다면 내 연기 인생이 단번에 끝나 버렸을 거야!"

이곳 올림포스 학교에서는 화살에 맞아도 마법 덕분에 다치지 않는다는 말은 이제 더 하기도 귀찮았다. 대신 아르테미스는 오리온을 뒤쫓아 갔다. 아르테미스의 사냥개들도 그 뒤를 따랐다.

"너 없이 우리더러 어떻게 하라는 거야? 네가 주연이잖아!"

오리온은 다시 어깨를 으쓱했다. 자신이 남겨 놓고 가는 문제에 신경 쓸 틈도, 마음도 없다는 태도였다.

"못 알아듣겠어? 지금 인간 세상에서 날아온 제안은 단순한 학교 연극 따위가 아니란 말이야. 이건 대박이야. 디오니소스 극장에서 연기를 하면 온 세상의 주목을 받게 된다고."

아르테미스는 학교 현관의 화강암 계단까지 오리온을 쫓아갔다. 그러나 발을 걸어 넘어뜨리는 것 말고는 오리온을 막을 방법이 떠오르지 않았다.

계단 아래에서 오리온은 잠시 멈춰 서더니 아르테미스를 진지하게 쳐다보았다.

"아, 지금 좋은 생각이 떠올랐어! 너 나랑 같이 가지 않을래? 새 대본을 연습할 시간이 별로 없거든. 네가 대사 외우는 걸 도와주면 되잖아."

오리온은 새하얀 이를 드러낸 채 눈을 반짝이며 웃어 보였다. 그 미소를 보며 아르테미스는 생각했다.

'이 애는 자기 매력을 원하는 대로 껐다가 켰다가 할 수 있구나. 하지만 이제 그 방법은 나한테 안 통해.'

"지금 장난하니? 싫어!"

아르테미스는 버럭 소리를 질렀다.

"넌 지금 모두의 기대를 저버리고 있어. 그래도 상관없어?"

아르테미스는 지난 몇 주간 오리온이 자기 삶을 쥐고 흔들도록 내버려 두었다. 그런데 이제 이렇게 맞서고 있다니 놀라웠다. 하지만 그래야만 한다는 걸 알고 있었다. 만약 오리온도 자신이 지금 얼마나 불공평한 짓을 저지르고 있는지 깨닫는다면, 아르테미스가 오리온의 마음을 돌려놓을 수 있을지도 몰랐다.

오리온이 대답했다.

"네가 그런 식으로 생각한다니 짱 섭섭한걸. 그렇지만 지금은 문제를 바로잡을 시간이 없어. 리허설이 한 시간 후에 시작하거든. 지금 바로 가야 해. 날 대신해서 네가 모두에게 상황을 설명해 줘. 해 줄 거지?"

아르테미스는 당황해서 숨을 헉하고 몰아쉬었다.

"뭐라고? 나더러 제우스 교장 선생님한테 네 대신 말하라고?"

'제우스 교장 선생님께 이런 나쁜 소식을 전하느니 차라리 혼자서 괴물을 상대하는 쪽이 낫지!'

오리온은 돌아서서 헤르메스의 전차에 오르더니 출발하자고 말했다.

"안 돼! 기다려!"

아르테미스는 전차를 향해 달려갔다. 하지만 아르테미스가 말리기 전에 전차가 붕 떠오르더니 날아가 버렸다. 오리온이 망쳐 놓은 일을 뒷수습하고 모두의 실망을 감당해야 하는 일은 결국 오롯이 아르테미스의 몫으로 남았다.

"쟤 어딜 가는 거야?"

뒤에서 누군가 말을 걸었다. 아프로디테였다.

아르테미스가 뒤돌아서자 아프로디테, 페르세포네, 아테나, 그리고 아폴론이 반짝이는 계단을 내려오고 있었다.

"오리온이 우리 연극을 바람맞혔어."

아르테미스는 불퉁하게 말을 내뱉었다.

"뭐?"

모두가 믿을 수 없다는 듯이 한목소리로 외쳤다.

"사실이야. 그리스의 디오니소스 극장에서 큰 연극을 하는데 거기 주연 자리를 맡게 됐다면서 그냥 휙 가 버렸어."

아르테미스는 하늘에 떠 있는 전차를 올려다보며 물었다.

"얘들아, 이 사태가 믿어지니?"

"응."

아폴론은 팔짱을 떡하니 끼고서 이 사건이 아르테미스의 탓이라도 되는 양 아르테미스를 매섭게 노려보며 대답했다.

아르테미스는 '휴!' 하고 한숨을 푹 쉬었다. 아폴론은 아직도 어제 일을 용서하지 않은 모양이었다. 아르테미스는 학교 쪽을 슬쩍 쳐다보았다. 건물을 보기만 해도 속이 울렁거렸다.

"제우스 교장 선생님께서 이 일을 알게 되면 마음에 안 들어 하실 텐데."

"그럼 오리온은 아빠한테 말도 안 했단 말이야?"

아테나가 화난 목소리로 물었다.

아르테미스는 가만히 고개를 끄덕였다.

"뭐야, 그 애 순 겁쟁이잖아."

늘 사람들에 대해 좋은 이야기만 하는 페르세포네마저 화를 냈다.

"아무래도 내가 그 소식을 전해야 하나 봐."

아르테미스는 계단을 오르기 시작했다. 심장이 저절로 파르르 떨렸다.

"아르테미스, 너 미쳤니?"

아프로디테가 아르테미스를 뒤쫓으며 물었다.

"너 정말로 제우스 교장 선생님께 연극이 망쳐지게 됐다고 말씀드릴 거야?"

아르테미스는 잠자코 있다가 입을 열었다.

"설마 나한테 심하게 대하시겠어?"

사실 아르테미스는 그 질문에 대한 답을 알고 싶지 않았다.

"에헴."

페르세포네가 목청을 가다듬더니 말했다.

"아르테미스, 너 교장실 본 적 있어? 번개 때문에 사방이 구멍투성이야."

그러자 아테나가 대꾸했다.

"너 지금 우리 아빠를 흉보는 거라는 거 알고는 있지?"

"미안해. 하지만 교장 선생님 성미가 불같다는 것도 사실이잖아."

아테나는 어깨를 으쓱했다.

"아니라고는 말 못하겠다."

아르테미스는 다시 한숨을 푹 쉬고서 말했다.

"교장 선생님이 말은 거칠게 하셔도 실제로는 그리 무섭지 않으시잖아? 고함이야 치시겠지. 설마 날 두꺼비 같은 걸로 바꾸기야 하겠어?"

아무도 뭐라 말이 없었다. 심지어 아폴론까지 잠잠했다. 그리고 아무도 아르테미스와 눈을 마주치려 하지 않았다.

'어, 이런. 흠.'

마침내 아프로디테가 입을 열었다.

"오, 맙소사. 호랑이도 제 말하면 온다더니 교장 선생님이 이쪽으로 오고 계셔."

"아, 아빠!"

아테나가 반갑게 제우스를 맞았다. 부디 제우스의 기분이 조금이라도 더 좋아지기를 바라서였다. 그러나 아무런 효과가 없었다.

"도대체 여기서 무슨 일이 벌어지는 거냐?"

제우스가 버럭버럭 소리를 질렀다.

"한 번이라도 좀 편하게 자도록 내버려 두지를 않는구나. 도대체 누가 학교에 허락 없이 전차를 들인 거야?"

제우스는 기다란 잠옷을 입고 번개 장식이 달린 솜털 슬리퍼를 신고 있었다. 제우스의 빨간 머리칼은 전기가 뻗치기라도 하는 듯 사방으로 삐죽삐죽 서 있었다. 제우스가 평소 차림이 아니라 잠옷 바람으로 다가오니 어쩐지 더 무서워 보였다.

제우스는 구름을 뚫고 인간 세상으로 잽싸게 사라지고 있는 전차를 향해 두툼한 손을 들었다.

"저게 누구 짓이냐?"

아무도 감히 대답하려 하지 않았다. 제우스는 슬리퍼 신은 발을 탁탁 굴렀다.

"누구 짓이냐니까?"

제우스가 다시 고함을 질렀다. 그러자 아르테미스가 앞으로 쓱 나섰다.

"제우스 교장 선생님, 아, 아, 안 좋은 소, 소, 소식이 있어요."

"크게 말해!"

제우스가 소리를 질렀다.

순간 아르테미스는 사냥에 필요한 기술은 그저 용기의 한 가지 모습일 뿐이라는 걸 깨달았다. 지금 아르테미스에게는 다른 형태의 용기가 필요했다. 아르테미스는 손이 떨리지 않도록 깍지를 꽉 끼고서 제우스의 눈을 똑바로 쳐다보았다.

"오리온이 떠났어요."

제우스는 눈을 껌벅였다.

"오리온이라니?"

"얼마 전에 교환 학생으로 온 아이요. 인간 세상에서 다른 연극의 주연을 맡아서 학교 연극에서 빠지겠답니다."

아르테미스는 주변 아이들이 놀라서 자기를 쳐다보는 시선을 느낄 수 있었다.

'실제 내 마음보다 목소리가 더 용감하게 들렸나 보지?'

"뭐가 어쩌고 어째?"

제우스의 목소리는 그 어느 때보다도 컸다. 아르테미스는 내심 두려웠지만 움츠러들지 않았다. 어떤 면에서 지금 상황은 전투와 비슷했다. 그저 잠잠히 주변에서 벌어지는 일에 침착하게 대응할 자세를 갖추고, 할 수 있는 최대한 용기를 발휘해서 제우스를 마주하면 됐다.

"걱정 마세요. 모든 게 순조롭게 해결되고 있어요."

아르테미스는 목소리가 논리적이고 차분하게 나오자 더 용기가 났다.

"어째서 그렇게 생각하는 거지?"

제우스는 근육이 울퉁불퉁 불거진 팔로 팔짱을 끼며 다그쳐 물었다.

"디오니소스는 오리온의 대역이었거든요. 그러니 오리온이 하던 에로스 역할을 아무 문제 없이 해낼 수 있을 거예요."

아르테미스는 자신의 말이 사실이라는 확신이 들었다. 그러나 제우스는 인상을 팍 찌푸렸다.

"그럼 디오니소스가 맡았던 역할은 누가 하지?"

모두 우두커니 말이 없었다.

"어……."

아르테미스는 열심히 머리를 굴렸다. 이마에 땀이 송골송골 맺혔다.

"제가 할게요."

아폴론이 나섰다. 아르테미스는 평생 아폴론이 이렇게 고마운 적이 없었다.

"야, 너 디오니소스가 맡은 역할에 대해 알고 있어?"

아폴론은 눈을 굴리며 대답했다.

"이봐, 아르테미스. 디오니소스의 대사는 달랑 여섯 줄이야. 그나마도 대부분 활을 쏘는 장면이고. 그러니 어려워 봐야 얼마나 어렵겠어?"

아폴론은 아르테미스의 어깨를 툭 치더니 제우스를 올려다보았다.

"저희 둘은 사실상 손에 활과 화살을 들고 태어난 거나 다름없잖아요."

제우스는 여전히 언짢아 보였다. 하지만 일이 술술 풀리자 화도 점점 가라앉는 것 같았다. 제우스는 입이 찢어져라 하품을 하고 수염을 벅벅 긁었다. 그러더니 묘하고도 익숙한 표정을 지으며 주먹으로 관자놀이를 퍽퍽 쳤다.

"뭐라고요? 아, 뭐 나도 꽤 놀랐지만 뭐 어쩌겠소? 얻는 게 있으면 잃는 것도 있는 거지."

아테나가 친구들에게 속삭였다.

"엄마랑 이야기 나누는 거야."

모두가 알다시피, 정말 희한한 일이기는 하지만 아테나의 엄마인 메티스 여신은 제우스의 머릿속에 사는 파리였다.

제우스는 한숨을 푹 쉬더니 자신만이 들을 수 있는 목소리에 귀를 기울였다.

"아, 알겠소. 당신이 틀리는 법이 거의 없다는 거 나도 알아요. 그래도 난 그 오리온이란 소년이 스타가 될 자질을 갖추었다고 확신했단 말이에요."

제우스는 아테나의 보이지 않는 엄마와 한동안 더 대화를 나누었다. 그러고는 이내 거대한 슬리퍼를 신은 발을 돌려 학교 쪽으로 터벅터벅 걸어갔다. 기다란 잠옷 자락을 산들바람에 펄럭이면서.

"아폴론, 고마워."

아르테미스가 진심으로 인사를 건넸다.

"네가 연극은 좋아하지도 않는 거 알아. 그런데 디오니소스의 역할을 맡겠다고 나서 주어서 정말 고마워."

아폴론은 어깨를 으쓱했다.

"그 정도는 해야지. 나도 너한테 아주 공정하게 굴었던 건 아니니까."

아폴론은 자기 잘못을 인정하면서 말을 이었다.

"요즘 내가 너한테 그렇게 툴툴거린 건 사실 너랑 아무 상관이 없어. 다프네가 그저 좋은 친구로 지내기를 바란다고 쪽지를 보내 왔거든. 그것 때문에 영 기분이 상해 있었어. 나랑 사귀고 싶어 하지 않는다는 걸 진작 알아차렸어야 했는데. 어쩐지 내가 가까이 다가갈 때마다 나무 뒤에 숨더라고."

아르테미스는 아폴론의 어깨에 팔을 둘렀다.

"네 맘 알아. 진심이야. 그리고 다프네 일은 안됐다."

아폴론은 고개를 끄덕였다.

"내가 좋아하는 사람이 똑같이 나를 좋아해 주지 않는 거 굉장히 마음 아프지 않아?"

"그래. 하지만 내가 속상한 이유는 그게 전부가 아니야. 네 말을 들었어야 했어. 넌 오리온이란 애를 제대로 봤는데 내 눈에는 전혀 그렇게 보이지 않았거든."

옆에서 둘의 대화를 듣고 있던 아프로디테가 한마디를 했다.

"그래, 그놈은 완전 얼간이야."

아르테미스는 고개를 끄덕였다.

"완전 짱 얼간이지."

친구들이 까르르 웃음을 터뜨렸다. 아르테미스도 빙그레 웃었다. 이제야 친구들과 쌍둥이 동생과의 사이가 정상으로 돌아온 느낌이었다.

'혹시 내가 에로스의 화살에 맞았던 걸까? 그래서 연극 속에서 에로스가 프시케와 사랑에 빠지듯이 잠시 동안 오리온을 좋아하게 되었던 건 아닐까? 하지만 이제 사랑의 포로가 된 느낌 같은 건 완전히 사라졌어!'

9 괴물

 야수의 숲에서 머리끝이 곤두서는 경험을 두 번이나 연달아 하고 나니 아르테미스는 그곳에 다시 가기가 몹시 꺼려졌다. 그렇지만 금요일에 있는 야수학 수업을 피할 방법이 없었다. '아픈 척을 할까?' 하고 진지하게 고민해 보았지만 역시 친구들을 실망시키고 싶지는 않았다. 결국 더 이상 미룰 수 없게 되자 아르테미스는 마지못해 전차에 은 화살이 든 화살집, 활, 마법 샌들을 싣고, 사냥개들을 태운 다음 흰 사슴을 불러 야수의 숲으로 향했다.

 아르테미스가 도착할 즈음 아프로디테, 아테나, 페르세포네는 먼저 와서 숲 속 빈터에서 아르테미스를 기다리고 있었다.

친구들은 모두 마법 샌들을 신고 있어서 알록달록 피어 있는 키 작은 야생화 위에 둥둥 떠 있었다. 아르테미스의 사냥개들이 먼저 전차에서 풀쩍 뛰어내리더니 여신들에게 반갑게 인사하고 신 나게 이곳저곳 냄새를 맡았다. 아르테미스는 내키지 않았지만 화살집과 활을 어깨에 걸고 전차에서 내린 다음 이끼 덮인 바위에 앉아서 마법 샌들을 신었다.

'빨리 시작하면 그만큼 빨리 끝나겠지?'

아르테미스는 일어서서 친구들 곁으로 갔다.

"준비됐어."

디리링! 디리링!

리라 종소리가 아득하게 울리더니 멀리서 전령이 외치는 소리가 들렸다.

"올림포스 학교 3교시가 이제 시작됩니다."

페르세포네가 말했다.

"딱 맞춰 왔네. 이제 시작하면 되겠어."

모두가 아르테미스를 바라보며 지시를 기다리자 아르테미스가 말을 꺼냈다.

"이번엔 누가 나 대신 선두에 서지 않을래? 오늘은 영 기분이 아니야."

"내가 선두를 맡을게."

아테나가 흔쾌히 나서자 네 여신은 사냥 게임을 시작했다.

뒤를 맡은 아르테미스는 친구들과 함께 숲을 헤치고 나아가면서 주변을 재빨리 훑어보았다. 괴물이 숨어 있는 흔적을 조심스럽게 살펴보고 혹시 무슨 소리가 나는지 귀를 기울이노라니 심장의 박동이 점점 빨라지기 시작했다.

찰랑찰랑. 찰랑찰랑.

아르테미스는 깜짝 놀라 소리쳤다.

"이, 이게 무슨 소리야?"

"맙소사! 아르테미스, 너 오늘 왜 그렇게 예민한 거야?"

바로 앞에 서 있던 아프로디테가 근처에서 풀을 뜯고 있는 하얀 염소 떼를 가리켰다. 찰랑거리는 소리는 염소들이 옆길로 새지 않도록 님프들이 염소 목에 걸어 놓은 방울 소리였다.

아르테미스는 긴장을 가라앉히려고 애썼다. 그런 작은 소리에 깜짝 놀라 봐야 도움이 되지 않았다. 아르테미스가 좋아하는 활은 언제든지 쏠 준비가 되어 있었다. 손으로 활을 꼭 쥐자 다시 자신감이 솟아올랐다. 아르테미스는 속으로 되뇌었다.

'어떤 녀석이 나타나든 난 해치울 수 있어.'

우아!

아르테미스는 갑자기 아프로디테와 쿵 부딪치고 말았다. 앞서 가던 친구들이 모두 급히 멈춰 섰기 때문이었다.

친구들 너머 앞을 쳐다본 아르테미스는 헉하고 숨을 들이쉬었다. 길 한복판에 미노타우로스가, 그것도 셋이나 서 있었다! 미노타우로스는 커다란 몸집에, 머리에는 뿔이, 손에는 날카로운 발톱이, 발에는 소 발굽이 달렸고, 쿵쿵거리는 코에 황금 코뚜레를 하고 있었다.

'저건 진짜가 아니야. 우리를 해치지 못해.'

아르테미스는 스스로를 다독였다. 그러나 몸이 마음의 말을 듣지 않았다. 그저 벌벌 떨리기만 했다.

아프로디테가 숨 가쁘게 물었다.

"어떻게 된 거지? 왜 셋이나 되는 거야?"

딸꾹! 딸꾹! 딸꾹!

괴물 셋이 동시에 딸꾹질을 했다. 그러자 마치 스위치를 껐다 켜기라도 한 듯이 미노타우로스가 불길을 뿜는 그리핀으로 변했다.

딸꾹! 딸꾹! 딸꾹!

그리폰이 다시 반어반마 괴물 히포캄포스로 변했다.

딸꾹! 딸꾹! 딸꾹!

히포캄포스가 다시 소용돌이를 일으키는 괴물 카리브디스로 변하더니 또다시 미노타우로스로 변했다.

"뭔가 잘못된 거 같아. 괴물이 지런 식으로 변신할 수는 없을 텐데."

페르세포네의 말에 아테나가 추측을 내어놓았다.

"라돈 선생님이 새로 마련한 시험인지도 모르지."

아테나는 팀의 선두로서 가장 먼저 활을 당겨 미노타우로스 한 마리를 쏘았다. 그러자 미노타우로스가 씩 웃더니 커다란 이빨로 화살을 잡아채어 버렸다.

아르테미스는 놀라서 숨이 멎을 것만 같았다.

"이런 적은 한 번도 없었는데."

네 여신은 다 같이 활을 쏘기 시작했다. 화살이 차례로 날아갔지만 아무 소용이 없었다. 괴물이 화살을 잡아채거나, 괴물의 몸을 그대로 통과해 바닥에 꽂힐 뿐이었다.

"어떻게 해. 아무리 화살을 명중시켜도 연기로 변하지 않아."

페르세포네가 웅얼거렸다. 아르테미스는 그 목소리를 듣고 페르세포네가 자기만큼 겁먹었다는 걸 알 수 있었다.

"저, 저, 괴, 괴물들, 뭐, 뭔가 이, 이상해."

아프로디테가 평소보다 한 옥타브는 더 올라간 목소리로 더듬더듬 말했다. 아프로디테는 이를 부딪치며 덜덜 떨기 시작했는데, 추워서 그러는 게 아니라는 건 누구라도 알 수 있었다.

"저, 저것들, 몸이 반짝이는 거 보여? 왜 몸이 모두 금색이지?"

"오, 이런!"

아르테미스는 눈이 빈쩍 뜨였다. 어떻게 된 일인지 알 것 같았다. 짐작이 맞는다면 이런 일이 벌어진 것은 모두 아르테미스 때문이었다. 그렇다면 아르테미스에게 이를 바로잡을 책임이 있었다.

그런데 도대체 어떻게 해야 할까?

친구들이 뒤로 슬금슬금 뒷걸음치기 시작했다. 세 여신은 아르테미스가 어떻게 해 주기를 기다리는 듯이 아르테미스만 쳐다보았다.

'어, 이건 구해 달라는 뜻이겠지?'

"아르테미스, 넌 이게 무슨 일인지 알고 있지?"

아테나가 물었다. 이제 아테나의 얼굴은 페르세포네의 평소 낯빛만큼 하얗게 질려 있었다.

"우리한테도 말해 줘!"

아르테미스는 하는 수 없이 사정을 털어놓았다.

"예전에 오리온을 여기 데려온 적이 있어. 그때 갑자기 전갈이 나타나서 우리를 덮치려 하기에 내가 도망치려고 몸신 스프레이를 뿌렸어."

딸꾹! 딸꾹! 딸꾹!

바로 그 순간 세 미노타우로스는 다시 식인 괴물 맨티코어로 변했다. 그중 한 마리가 전갈 같은 꼬리를 휘둘러서 여신들을 향해 가시를 날렸다.

"악!"

독이 있는 가시가 아테나의 발목에 꽂히고 말았다. 아테나는 비명을 지르며 땅바닥에 쓰러졌다. 아프로디테와 페르세포네는 얼른 아테나 곁에 무릎을 꿇고 앉아 아테나를 살폈다. 아르테미스는 재빨리 친구들 앞을 막고 서서 화살을 날려 괴물이 다가오지 못하게 했다.

아프로디테는 서둘러 아테나의 발목에서 가시를 뽑아냈다. 이번만큼은 아프로디테도 키톤이 더러워지거나 말거나 전혀 신경 쓰지 않았다.

"원래대로라면 괴물이 우리를 상처 입힐 수는 없잖아. 그런데 아테나는 진짜로 다쳤어!"

"난 괜찮아."

말은 그렇게 해도 아테나의 목소리는 파르르 떨리고 있었다.

페르세포네가 나섰다.

"아냐, 넌 괜찮지 않아. 피를 흘리고 있잖아. 그래도 걱정하지 마. 내가 바로 고쳐 줄게."

페르세포네는 얼른 근처에서 약초와 풀뿌리를 구해 오더니 돌로 짓이겨서 약을 만들었나. 아프로디테가 맨티코어에 시선을 고정한 채 벌벌 떨며 말했다.

"오, 오리온의 스프레이가 라, 라돈 선생님이 게임에 넣어 놓은 보, 보호 장치를 망가뜨린 걸까?"

"그래, 그런 것 같아."

아르테미스는 이를 악물고 계속 화살을 쏘았다. 그러나 괴물들은 마치 파리를 잡듯이 손쉽게 화살을 쳐냈다.

페르세포네는 약이 완성되자 아테나의 발목에 바르고 천을 감았다.

"이게 독을 뽑아내 줄 거야. 그래도 아테나는 지금 도무지 싸울 형편이 아니야. 얼른 학교로 데려가야 해."

"어떻게든 저 괴물을 피해서 학교로 돌아갈 방법이 없을까?"

아프로디테가 묻자 세 여신은 모두 두려움 가득한 얼굴로 앉은자리에 그대로 굳어 있을 뿐이었다.

"아르테미스?"

페르세포네가 물었다. 아프로디테와 아테나도 기대에 찬 표정으로 아르테미스를 바라보았다.

"방법을 생각 중이야."

아르테미스는 재빨리 머리를 굴렸다. 지금까지 아르테미스는 진짜 야수를 만나면 자신이 어떻게 행동할지 늘 궁금해했다. 그리고 지금 눈앞의 괴물이 진짜는 아니지만 진짜만큼이나 위험했다.

'용기를 시험해 보고자 한다면 지금이 바로 그 순간이야!'

아르테미스는 두려움을 떨치고 계속해서 화살을 날렸다. 하지만 아무리 화살을 정확히 쏘아도 괴물들은 계속 앞으로 다가올 뿐이었다. 아르테미스는 친구들의 안전뿐만 아니라 개들의 안전도 염려되었다. 괴물 중 한 마리가 아르테미스의 사냥개들을 한쪽으로 몰고서 위협하자 개들은 다리 사이에 꼬리를 감춘 채 끙끙거리고 있었다. 가끔씩 멀리 숲 속에서 흰 사슴이 고개를 내밀고 아르테미스 쪽을 살펴보았다. 그러나 사슴들은 너무 겁에 질려서 전차를 끌고 아이들을 구출하러 올 엄두조차 내지 못했다.

"게, 게임을 그냥 꺼 버릴 수 있는 스, 스위치가 있으면 얼마나 좋을까."

아프로디테가 한탄했다.

아르테미스는 아프로디테의 말을 곱씹으며 새로 화살을 꺼내려고 손을 뻗었다. 그러나 화살집은 텅 비어 있었다. 아르테미스는 잽싸게 아테나의 화살집을 집어 들어 어깨에 멨다.

"이 지긋지긋한 괴물을 꺼 버릴 스위치기 어딘가에 있을 텐데. 내 생각에는 아마 미궁 한가운데에 있을 것 같아."

"오, 아르테미스. 너 설마……."

페르세포네는 황급히 아르테미스를 말리기 시작했다.

"미궁 안은 출입 금지 구역이잖아. 우린 그 안에 어떤 규칙이 적용되어 있는지 전혀 몰라. 너무 위험해."

"질 게 뻔한 싸움을 계속하는 건 위험하지 않고?"

아르테미스가 대꾸했다.

"얘들아, 야수의 숲에 있는 여러 게임 구역은 모두 따로따로 운영되고 있어. 아폴론도, 하데스도, 심지어 라돈 선생님까지 그 누구도 우리가 여기서 곤란에 처해 있다는 걸 몰라. 그러니 어쩌면 좋을지 잘 따져 봐."

아르테미스는 괴물에게 다시 화살을 날렸다. 이제 괴물은 칼리돈의 멧돼지로 변해 있었다.

멧돼지 가운데 오직 한 마리만 뒤로 물러나자 아프로디테가 이를 으드득 갈며 주춤주춤 일어났다. 그러고는 아르테미스 곁에 서서 함께 활을 쏘기 시작했다.

"아르테미스, 저놈들을 다 비켜 지나간다 해도 미궁의 중심은 어떻게 찾을 셈이야?"

"글쎄, 어떻게든 해 봐야지."

대답은 그렇게 했지만 용기를 모으기란 말만큼 쉽지 않았다. 하지만 이제 곧 화살이 모두 떨어질 테니 뭐라도 해야 했다. 그리고 가능한 빨리 움직여야 했다. 따지고 보면 애당초 친구들이 이런 위험에 빠지게 된 것도 다 아르테미스 탓이었다.

"아프로디테, 계속 활을 쏴 줘. 괴물들이 화살을 피하느라 바쁜 틈을 타서 내가 놈들의 뒤로 돌아갈게."

페르세포네는 아르테미스의 팔을 황급히 잡았다.

"이제는 저 괴물들이 어떻게 나올지 예상할 수가 없어. 어떤 공격을 할 수 있는지도 몰라. 그러다 다치면 어떻게 해?"

아르테미스는 애써 오리온처럼 자신만만한 목소리를 내며 대답했다.

"난 괜찮을 거야. 사냥은 내 특기잖아, 안 그래?"

아르테미스는 더 이상 친구들과 입씨름하지 않으려고 얼른 떠났다. 빈터 가장자리를 따라 나무와 나무 사이를 미끄러지듯 움직이며 몰래 미궁 입구로 다가갔다. 괴물들이 으르렁거리는 소리, 딸꾹대는 소리, 화살이 핑핑 날아오는 소리가 무섭도록 가까이서 들렸다. 이윽고 아르테미스는 미궁을 이루고 있는 가시덤불의 입구에 다가섰다. 그리고 기회가 오자 몸을 숨기고 있던 숲에서 잽싸게 달려 나와 미궁 입구로 뛰어들었다.

'해냈어!'

아르테미스는 끝없이 이어지는 미궁의 통로를 이리 꺾고 저리 꺾으며 달려 나갔다. 길이 미친 듯이 꼬여 있고, 잎이 빽빽한

나무가 두꺼운 벽을 이루며 각 구역을 차단하고 있어서 반대편에 무엇이 있는지 전혀 보이지 않았다.

쿵, 쿵.

갑자기 뒤에서 땅이 뒤흔들렸다.

'발소리가 어마어마한걸. 냄새로 보아 맨티코어 같은데.'

그 순간 뭔가가 아르테미스의 키톤 뒷덜미를 잡아챘다.

"으악!"

아르테미스는 커다란 발톱에 걸려 공중으로 끌려 올라갔다. 아르테미스가 보는 앞에서 맨티코어가 다시 변신하기 시작했다. 다음 순간 아르테미스는 구불구불 똬리를 튼 어마어마한 크기의 뱀과 빤히 눈을 마주치고 있었다. 뱀은 팔이 달려 있지 않으니 꼬리로 아르테미스를 들고서 웃는 듯이 입을 쩍 벌렸다. 뱀의 입 안에는 날카로운 이빨이 상어처럼 세 줄로 겹쳐 있었다. 아르테미스는 몸이 아래로 쑥 내려가는 느낌이 들자 거칠게 발길질을 해 댔다. 아르테미스는 뱀이 벌린 입 바로 위에 대롱대롱 매달려 있었다. 뱀이 숨을 쉴 때마다 구역질나는 냄새와 입김이 느껴졌다.

'이제 끝장이야. 결국 이놈의 저녁거리나 되고 말겠어.'

멀리서 다른 괴물이 울부짖고 콧김을 내뿜는 소리가 들려왔다. 만약 아르테미스가 임무에 실패하면 사랑하는 친구들과 사냥개들이 모두 괴물에게 잡아먹히고 말 판국이었다. 마지막 순간이 한 발짝씩 다가오는 중에 아르테미스는 새로운 사실을 알아차렸다. 높이 매달려 있으니 미궁의 전체 구조가 한눈에 들어왔다. 거대한 사각형 모양 안에 네 개의 구역이 마주 보도록 배치되어 있다. 이르테미스는 정신을 집중해서 미궁 가운데로 가는 길을 눈여겨보았다. 그런 다음 어깨에서 활을 빼내어 뱀의 입안으로 휙 집어던졌다. 활이 입안에 딱 걸리자 괴물은 활 모양을 한 요상한 미소를 짓는 상태가 되고 말았다. 뱀은 곧바로 꼬리를 이용해 턱에서 활을 빼내려고 아르테미스를 내던져 버렸다. 아르테미스는 데굴데굴 굴러떨어지다가 땅바닥에 부딪히기 직전에야 겨우 자세를 바로잡았다. 그나마도 마법 샌들 덕분이었다. 아르테미스는 숨 가쁘게 앞으로 달려 나갔다.

스무 번 넘게 길을 꺾고 나서야 아르테미스는 미궁 한가운데에 도착했다. 놀랍게도 그곳에는 분수가 콸콸 솟고 있었다. 둥그런 분수의 중앙에 머리가 셋 달린 용의 조각상이 놓여 있고, 용의 입에서 물이 뿜어져 나와 비늘 덮인 청동 몸통을 따라 흘러내리고 있었다. 그런데 용의 머리 가운데 오직 하나만이 입을 벌리고 청동 불길을 뿜어내는 모습으로 조각되어 있었다. 아르테미스는 어쩐지 그 광경이 낯이 익었다. 생각을 가다듬어 보니 불길을 뿜는 용은 놀라울 정도로 생김새가 라돈 선생님과 꼭 닮아 있었다. 아르테미스는 샌들을 벗어던지고 분수 안으로 걸어 들어갔다.

'이걸 도대체 어떻게 끄는 거지?'

쿵! 쿵!

발소리가 들려왔다. 이번에는 게리온의 발소리였다. 괴물이 또 쫓아온 게 분명했다.

청동 용의 기다란 목은 미끈거리는 데다 경사가 가팔랐다. 그러나 아르테미스는 키톤을 추켜올리고서 용의 목을 기어오르며 작동 스위치를 찾았다.

'분명히 있긴 있을 텐데. 도대체 어디에 있는 거야?'

아르테미스는 더 높이 올라가려고 용의 입안에 발을 디뎠다.

"아야!"

조각상인데도 용의 이빨은 날카롭기만 했다! 아르테미스는 발을 옮기려다가 이번에는 용의 혀를 밟았다. 아르테미스의 몸무게가 실리자 혀가 펌프 손잡이처럼 아래로 쑥 내려갔다. 아

르테미스는 그만 중심을 잃어 조각상을 타고 쭉 미끄러져 내려와 연못에 풍덩 빠지고 말았다.

퍽! 퍽! 퍽!

아르테미스는 물속에서조차 그 소리를 분명히 들을 수 있었다. 아르테미스는 흠뻑 젖은 채 온몸에서 물을 줄줄 흘리며 일어섰다. 금방이라도 발톱이 공격해 올 거라 예상했는데 아무 일도 일어나지 않았다.

'어, 게리온이 어디 갔지?'

"아르테미스!"

멀리서 페르세포네가 아르테미스의 이름을 부르고 있었다.

"나 여기 있어!"

아르테미스가 목청 높여 대답하자 페르세포네는 신이 나서 소식을 전했다.

"괴물이 사라졌어!"

아프로디테도 소리쳤다.

"보라색 연기가 되어 없어져 버렸어. 아르테미스, 너 무사한 거야?"

아르테미스는 크게 안도의 한숨을 쉬었다.

'용의 혀가 게임을 켜고 끄는 스위치였구나.'

아르테미스는 친구들에게 소리쳤다.

"난 무사해! 이제 여기서 나갈게."

아르테미스는 들어왔던 길을 되짚어서 친구들에게 돌아갔다. 네 여신은 서로가 무사한 데 안심하며 꼭 끌어안았다.

아테나가 말했다.

"휴! 이번 게임에서 받은 A 점수는 지금껏 야수학에서 받은 성적 중 가장 어렵게 따낸 거야. 아니, 전체 과목 중에서 가장 힘겹게 얻은 걸 거야."

이제 아테나의 발목은 멀쩡해져 있었다. 괴물들이 연기가 되자 상처도 따라서 사라진 것 같았다.

아프로디테가 탄성을 터뜨렸다.

"아르테미스 덕에 겨우 위기에서 벗어났어. 넌 우리의 영웅이야!"

페르세포네도 소리쳤다.

"용감한 여신 아르테미스 만세!"

"고마워."

아르테미스가 대답했다. 그리고 나서 아르테미스는 괴물을 해치울 때보다 더 많은 용기를 쥐어짜서 전에는 인정도 하기 힘들었던 사실을 친구들에게 털어놓았다.

"솔직히 말하면, 너무 무서워서 비명도 안 나왔어."

그러자 아프로디테가 아르테미스의 어깨에 팔을 둘렀다.

"이런, 당연히 두려웠겠지! 우리 모두 정말 겁이 났어. 안 그랬다면 정신이 이상한 걸 거야."

아르테미스는 속으로 생각했다.

'아프로디테 말이 맞아. 진정한 용기는 두려워하지 않는 데서 나오는 게 아니라 두려운데도 행동하는 데서 나오는 거야.'

그 순간 아르테미스는 늘 자신이 생각하는 것보다 훨씬 더 용감했다는 걸 깨달았다.

뭔가가 아르테미스의 손을 툭 건드렸다. 수에즈였다. 수에즈는 입에 아르테미스의 화살을 물고 있었다. 수에즈, 넥타, 앰비 모두 다 무사했다!

"이런 착한 녀석 같으니라고!"

아르테미스는 수에즈를 쓰다듬어 주었다.

"그런데 얘들아, 시간이 없어서 화살을 모두 주울 수는 없을 것 같아. 나중에 다시 돌아와야겠어."

페르세포네가 하늘을 보며 말했다.

"태양의 위치를 보니 수업은 이미 모두 끝났어.

마지막 교시를 놓쳐 버렸네."

그러자 아프로디테가 울먹이며 외쳤다.

"오, 이런! 연극이 시작될 텐데! 난 지금 당장 돌아가야 해. 안 그러면 첫 공연에 늦고 말 거야!"

아테나도 소리를 질렀다.

"막이 올라가면 내가 플루트로 첫 번째 곡을 연주해야 하는데 어쩌면 좋아!"

아르테미스는 입술에 손가락을 대고서 휘파람을 삐익 불었다. 높고도 날카로운 소리가 울려 퍼졌다. 숲 속 깊은 곳에서 황금 뿔이 달린 사슴 네 마리가 전차를 끌고 달려 나왔다. 사슴들은 아직도 경계하는 눈치였다.

아르테미스는 사슴들을 향해 소리쳤다.

"걱정하지 마. 괴물은 모두 사라졌어."

아르테미스가 달래자 사슴들은 가까이 다가와서 땅에 내려섰다. 아르테미스는 곧바로 전차에 올라 고삐를 잡았다.

"애들아, 서둘러."

아르테미스가 소리쳤을 때 아프로디테, 아테나, 페르세포네와 개들은 이미 전차에 다 올라타 있었다.

아르테미스 일행이 탄 전차는 숲 속을 재빠르게 달렸다. 그리고 올림포스 학교를 향해 위로 솟구쳐 오르려는 순간, 아르테미스는 개 짖는 소리를 들었다. 전차 안을 살펴보니 아르테미스의 사냥개 세 마리는 모두 전차에 얌전히 앉아 있었다.

'어, 그럼 누구의……?'

그 순간 누군가 고함을 질렀다.

"기다려!"

아르테미스는 어디서든 그 목소리를 알아들을 수 있었다.

'오리온이야!'

아르테미스는 이제 더 이상 오리온을 짝사랑하지 않았다. 그러나 아르테미스의 심장은 주인을 배반하고서 콩콩 빠르게 뛰기 시작했다.

10 빛나는 스타

아르테미스는 전차를 급히 아래로 몰았다. 땅바닥에서 30센티미터 정도 떨어진 곳까지 내려와 아슬아슬하게 오리온과 시리우스 곁에 딱 멈춰 섰다.

"너 여기서 뭐 하는 거야?"

아르테미스가 따지듯이 물었다. 아르테미스는 친구들이 긴장하는 걸 알고 있었다. 모두 한시라도 빨리 학교로 돌아가야 하는 데다, 아무도 아직 오리온을 용서해 줄 준비가 되어 있지 않았다.

'용서해 줄 이유가 없잖아? 그런 식으로 휙 떠나 놓고서 감히 다시 얼굴을 들이밀 거라고는 생각도 못했어.'

그러나 늘 그렇듯이 오리온은 자신이 폐를 끼치고 있다는 걸 전혀 알아차리지 못했다.

"아르테미스 널 찾고 있었어."

"왜?"

아르테미스는 깜짝 놀라서 되물었다.

오리온은 머쓱해하며 토가 호주머니에 손을 쑤셔 넣었다.

"내가 주연을 맡은 연극이 첫 공연 날 바로 끝나 버렸어. 관객들이 야유를 퍼부어서 배우를 퇴장시켜 버렸거든. 그런 일이 상상이나 되니?"

아르테미스는 오리온이 실패했다는 소식을 듣자 고소하기 짝이 없었다. 그러나 한편 좀 불쌍하다는 생각도 들었다.

"안됐네."

아르테미스가 위로하자 오리온은 어깨를 으쓱했다.

"관객은 원래 변덕이 심하잖아."

사슴들이 안절부절못하고 발을 동동 구르기 시작하자 아르테미스는 오리온에게 차갑게 말했다.

"우린 학교로 돌아가야 해. 이러다 늦을지도 몰라. 오늘이 우리 학교 연극 첫 공연 날이거든. 혹시 기억하려나 몰라?"

오리온은 열띤 표정으로 고개를 끄덕였다.

"그래. 바로 그것 때문에 내기 여기 온 거야. 날 학교까지 태워 주지 않을래? 연극이 시작되기 전에 제우스 교장 선생님과 이야기를 나누고 싶어서 말이야. 그런 식으로 떠나 버린 데 대해서 사과드리고 싶어."

"그러기에는 좀 늦었지."

아테나가 투덜거렸다. 그러자 페르세포네가 말했다.

"그래도 안 하는 것보다는 낫잖아."

아르테미스는 곰곰이 생각해 보았다.

'페르세포네는 긍정적으로 봐 주지만 아테나의 말도 맞아. 오리온은 먼저 사과부터 하고 학교를 떠났어야 했어. 하지만 지금이라도 옳은 일을 하려고 하니 도와줘야지.'

아르테미스가 입을 열었다.

"좋아. 전차에 올라타."

오리온의 얼굴이 확 밝아졌다. 오리온은 시리우스를 안아 들고서 아르테미스가 내민 손을 맞잡았다. 그 순간 아르테미스는 예전처럼 찌릿찌릿한 흥분이 느껴지지 않아서 오히려 기뻤다.

오리온이 전차에 비집고 올라서자 나머지 세 여신은 오리온이 병균 덩어리라도 되는 듯이 멀찍이 물러났다. 그 모습에 아르테미스는 혼자 빙긋이 웃었다.

'뭐, 진짜 병균 덩어리일지도 모르지.'

아테나가 아르테미스에게 소리쳤다.

"서둘러! 어서 떠나야 해."

아르테미스는 곧바로 주문을 외웠다.

"전차여, 달의 전차여. 떠올라라! 우리를 올림포스 학교로 데려가라!"

아르테미스의 명령이 떨어지자 사슴들이 허공을 박차고 하늘로 날아올랐다. 아르테미스의 전차는 몽글몽글한 구름을 뚫고 위로, 더 위로 날아올랐다. 얼마 지나지 않아 올림포스 학교의 매끄러운 기둥이 보이기 시작했다. 학교 건물 뒤로 연극 〈사랑의 화살〉이 공연될 원형 극장도 보였다. 극장의 자리는 이미 거의 다 차 있었다. 관객들의 흥분이 하늘을 찔러서 전차에 탄 아르테미스마저 생생히 느낄 수 있었다.

마침내 무대 곁에 전차가 내려서자 아테나는 오케스트라 자리로 달려가고, 아프로디테는 급히 무대 뒤 분장실로 향했다. 페르세포네도 아프로디테의 머리를 매만져 주려고 함께 분장실로 갔다.

아르테미스는 달려가는 친구들을 향해 소리쳤다.

"얘들아, 행운을 빌어!"

황금 뿔 사슴들은 떠났지만 아르데미스의 개들은 힘든 일을 겪은 뒤라 전차에 남아 잠을 자며 쉬었다. 시리우스도 아르테미스의 개들 곁에 남았다. 아르테미스는 네 마리 개와 함께 앉아서 오리온이 제우스 교장 선생님과 이야기하러 가는 모습을 지켜보았다.

제우스 신이 두루마리를 양팔 가득 안고 있는 모습은 마치 묘기를 부리고 있는 것 같았다. 이쪽 두루마리에 써 놓은 메모를 볼라치면 다른 두루마리가 툭 떨어졌다. 그걸 잡으면 또 다른 두루마리가 쓱 미끄러졌다. 거기다 연기자와 기술진이 제우스의 곁에 둘러서서 동시에 온갖 질문을 퍼부어 대고 있었다.

그쪽을 바라보던 아르테미스의 눈이 갑자기 휘둥그레졌다. 오리온이 아이들 틈을 비집고 들어가더니 제우스의 우람한 어깨를 툭툭 두드렸기 때문이었다.

"교장 선생님, 잠시 말씀 좀 나눌 수 있을까요?"

아르테미스는 아까 숲에서 괴물 사건을 겪고 나자 상당히 용기가 생겼지만, 그래도 연극이 시작하기 몇 분 전에 제우스 교장 선생님을 방해할 만큼 배짱이 넘치지는 않았다. 지금은 정말 때가 좋지 않았다.

"지금 내가 바쁜 게 안 보이나?"

제우스가 버럭 소리를 지르자 아르테미스는 깜짝 놀라 저도 모르게 앉은자리에서 펄쩍 뛰었다. 그 어마어마한 목소리에 배짱 좋은 오리온까지도 놀란 것 같았다. 그러나 오리온은 금방 정신을 차리고 다시 고집을 피웠다.

"중요한 일이거든요."

제우스는 귀찮다는 눈길로 오리온을 쳐다보다가 그제야 자신의 어깨를 두드린 자가 누구인지 알아차렸다.

"아니, 넌? 문제의 그 교환 학생이잖아. 이름이 오니 슬라던가 뭐던가. 여기 돌아와서 뭐 하는 거야?"

제우스가 버럭버럭 고함을 지르는데도 오리온은 도와주려고 그런다는 듯한 태도로 여유롭게 말했다.

"이제 제 이름은 '오'예요. '오리온 스타'를 줄여서 '오'라고 부르는 거죠."

"'오'라고?"

제우스는 재미있다는 듯이 눈썹을 휙 치켜세웠다.

"오, 그래, 왜 날 보자는 거냐?"

오리온은 두 손을 입가에 대고 발끝으로 서서 제우스의 귀에 뭐라고 속삭였다. 다른 사람이 자기 말을 듣지 못하게 하려는 게 분명했다.

오리온이 무슨 소리를 했는지는 모르지만, 제우스의 숱진 눈썹이 한데 모이더니 성난 브이 자를 그렸다.

"오, 그런 식으로 우리를 저버려서 미안하다고?"

제우스의 목소리가 온 극장에 울려 퍼졌다.

"오, 그런데 네가 다시 주연을 맡을 수 있을지 궁금하다고?"

아르테미스는 기가 막혀서 입

이 딱 벌어졌다.

'남을 등쳐도, 속여 먹어도 정도라는 게 있는 법이잖아! 아무리 오리온이라고 해도 이건 너무 심한걸. 감히 어떻게 그런 생각을 해? 만약 오리온이 무슨 꿍꿍이를 가지고 있는지 알았더라면 태워 주지도 않았을 거야.'

오리온은 당황해서 움찔 놀라며 어깨를 움츠렸다. 자신이 어떤 부탁을 했는지 극장 안에 있는 모든 사람이 알게 되어 창피한 것 같았다.

'꼴좋구나.'

오리온과 아르테미스는 둘 다 거침없이 위험을 무릅쓰는 편이었다. 하지만 둘 사이에는 큰 차이가 있었다. 오늘 야수의 숲 미궁에서 아르테미스가 위험 속으로 뛰어든 이유는 친구들을 구하기 위해서였다. 그러나 오리온은 오로지 자신의 이득만을 위해서 위험을 무릅썼다.

제우스가 대답했다.

"오, 안 돼. 그 역할은 채워졌어. 디오니소스가 아주 잘 맡아서 하고 있지."

"아, 이런."

오리온은 순간적으로 어찌해야 할지 모르는 표정이었다.

제우스는 오리온을 무시하고 다시 자신을 향해 아우성치고 있는 배우와 기술진 쪽으로 고개를 돌렸다. 그 아이들은 모두 연극이 시작하기 전에 무조건 해결 방법이 마련되어야 하는 문제를 들고 왔다. 그 광경을 보면서 아르테미스는 문득 이런 생각이 들었다.

'이야, 교장 선생님에, 신들의 제왕에, 연출가까지 맡으려면 정말 힘들 거야.'

그러나 제우스는 급한 대로 해결할 방법을 술술 제시하며 문제를 잘 다루고 있었다.

넥타가 뒹굴뒹굴 굴러 와서 아르테미스의 무릎에 머리를 얹자 아르테미스는 무심히 넥타를 쓰다듬었다. 한편 오리온은 정신을 차리더니 제자리에서 폴짝폴짝 뛰고 제우스의 소매를 잡아당기며 다시 주의를 끌려고 시도했다. 정말 포기를 모르는 아이였다!

그러나 제우스는 계속 오리온을 무시하고 정말 자신의 도움이 간절한 학생만 상대했다. 아르테미스는 하데스와 도마뱀 꼬리를 가진 진행 요원이 천장에 달려 있는 일곱 개의 조명을 가리키며 제우스의 주의를 끄는 것을 지켜보았다. 페르세포네가 아르테미스 곁에 앉더니 천장을 바라보며 말했다.

"하데스가 그러는데 마지막을 장식할 조명에 문제가 있다나 봐."

아르테미스가 대답했다.

"난 연극 한 편 올리는 게 이렇게나 복잡한 일인 줄 몰랐어."

아르테미스가 다시 제우스 쪽을 바라봤을 때 하데스와 도마뱀 꼬리 기술자는 제우스에게 진지하고도 심각하게 뭔가를 이야기하고 있었다. 그러나 정작 제우스는 오리온을 빤히 쳐다보고 있었다. 그때 오리온은 제우스의 주의를 끌어 보겠다는 희망을 버렸는지 잔뜩 실망해서 돌아가고 있었다.

제우스는 한쪽 팔에 끼고 있던 두루마리를 다른 쪽으로 옮겨 들더니 손을 뻗어 오리온의 어깨를 툭 쳤다.

"앗, 따가워!"

오리온이 비명을 질렀다. 제우스의 두툼한 손가락이 닿자 몸에 전기가 찌르르 통했기 때문이었다.

"잠깐 기다려 봐라."

제우스는 오리온을 부르더니 갑자기 아주 가까운 친구 사이라도 된 듯이 싱글벙글 웃었다.

오리온도 얼굴이 활짝 피었다.

"마음을 바꾸신 거예요? 제가 다시 주연을 맡는 건가요?"

"아니. 하지만 하데스 덕분에 아이디어가 하나 떠올랐단다. 다른 식으로 문제를 풀 수 있을 것 같구나. 오직 너만을 위한 특별한 역을 만들 작정이야."

제우스는 고개를 돌리고서 하데스에게 찡긋 윙크를 했다. 그러나 하데스는 무슨 영문인지 전혀 모르겠다는 얼굴이었다.

"짱 잘됐네요!"

오리온이 탄성을 터뜨렸다.

"전 모든 대사를 다 외우고 있고, 어떤 역이라도 할 준비가 되어 있어요."

"그거 잘됐구나!"

제우스는 오리온과 하데스의 등을 툭툭 쳤다.

"아야!"

제우스가 둘을 무대 뒤쪽으로 데리고 가자 오리온과 하데스는 동시에 소리를 질렀다. 주인이 떠나려 하자 시리우스는 전차에서 폴짝 뛰어내려 주인 뒤를 따랐다.

아르테미스는 하데스가 오리온에게 '위에 올라가도 괜찮아야 할 텐데.'라고 말하는 걸 들은 것도 같았다.

'응? 저게 도대체 무슨 소리야? '뒤에 들어가도 괜찮아야 할 텐데.'라고 해야 하는 거 아냐? 뭐, 그것도 말이 안 되기는 마찬가지구나.'

"얘들아, 일어나."

아르테미스는 손뼉을 짝짝 쳐서 수에즈, 앰비, 넥타를 깨운 다음 전차에서 훌쩍 뛰어내렸다.

"연극이 시작되기 전에 우리도 가서 앉을 자리가 있는지 찾아보자."

극장 통로를 따라 위쪽으로 올라가면서 페르세포네가 아르테미스에게 물었다.

"제우스 교장 선생님께서 오리온에게 어떤 역을 주시려는 걸까? 이제 와서 누군가에게서 역할을 빼앗는 건 공평하지 않은 것 같아."

아르테미스가 대답했다.

"더구나 오리온이 모두를 저버리고 떠났던 걸 생각하면 더 억울하지."

둘은 개들이 물을 마실 수 있도록 분수 옆에 잠시 멈춰 섰다.

아르테미스가 다시 입을 열었다.

"설마 교장 선생님이 그렇게 불공평하게 하실 리는 없겠지?"

"그러지 않으실 거야."

하지만 페르세포네의 목소리에는 확신이 없었다.

빈자리를 찾게 되자 아르테미스는 자리를 잡고 개들을 옆에 앉혔다. 개들이 잠잠해지자마자 아테나의 사랑스럽고도 낭랑한 플루트 소리가 울려 퍼지며 연극이 시작된다는 신호를 보냈다. 몇 주 동안이나 배우와 제작진이 리허설을 하고 무대를 만들며 쏟아부었던 노력이 이제 막 선을 보이려는 참이었다. 아르테미스는 흥분에 휩싸였다. 우여곡절 끝에 드디어 연극이 시작된다니 믿을 수가 없었다!

막이 촤르륵 열리자 무대가 드러났다. 알록달록한 꽃으로 뒤덮인 산비탈, 불길을 뿜는 용, 켄타우로스, 숲 속에 몸을 숨긴 괴물들을 보고서 관객들은 '우아!' 하고 탄성을 터뜨렸다. 아르테미스와 친구들은 무대 제작 과정을 쭉 보았지만 대부분의 관객은 완성된 무대를 처음 보았기 때문에 감탄해 마지않았다. 이윽고 아프로디테가 무대로 걸어 나왔다. 아프로디테는 눈동자 색깔과 잘 어울리는 하늘하늘한 파란색의 기다란 키톤을 입고, 굽이치는 금발에 꽃송이를 가득 달고 있었다. '우아, 우아!'

하는 탄성이 더 크게 터져 나왔다.

아르테미스는 페르세포네를 쿡 찔렀다.

"야, 페르세포네. 아프로디테 머리 모양이 예술인걸. 조금 전까지 전투를 벌이고 온 참이라고 하면 아무도 안 믿을 거야. 아프로디테 진짜 예쁘다."

"그렇지?"

페르세포네의 눈도 반짝반짝 빛났다.

아프로디테가 대사를 몇 줄 읊자 디오니소스가 무대에 나타났다. 하얀 토가에 붉은 색과 금색이 어우러진 활을 든 모습은 여느 때와 다름없이 멋지기만 했다.

'휴, 다행이다. 교장 선생님이 오리온에게 주연을 도로 맡기지는 않으셨나 봐.'

아프로디테와 디오니소스가 어찌나 연기를 잘하는지 아르테미스는 금방 연극에 빠져들었다. 심지어 지금 눈앞의 장면이 배우의 연기라는 사실조차 잊어버릴 정도였다. 아르테미스에게 둘은 아프로디테와 디오니소스가 아니라 진짜 프시케와 에로스로 다가왔다.

"아, 저기 프시케가 있구나."

무대에서 에로스가 프시케를 보고 독백을 했다. 프시케가 기다란 금발 머리를 빗으며 숲 속을 한들한들 거닐자 에로스가 그 곁으로 살금살금 다가갔다. 에로스는 살며시 활을 들어 올려 아름다운 소녀를 향해 황금 화살을 겨누었다.

"이 화살은 당신을 상처 입히지는 않을 거요. 하지만 이 세상에서 가장 추한 존재와 사랑에 빠지게 만들 거요."

에로스가 화살을 날리려는 순간 사슴 한 마리가 무대를 가로질렀다. 놀란 에로스는 활을 떨어뜨리면서 화살을 자기 발에 떨어뜨리고 말았다.

"아아아악!"

경악하는 에로스의 표정이 어찌나 웃기고 생생한지 아르테미스와 관객들은 '푸하하!' 하고 크게 웃음을 터뜨렸다. 물론 이런 관객의 반응은 다 예상해 둔 것이었다.

페르세포네는 에로스가 자기 발을 쏘자 깔깔 웃으며 아르테미스 쪽으로 몸을 기울이고서 속삭였다.

"활쏘기 대회에서 봤던 누가 생각나지 않아?"

"엉?"

아르테미스는 연극에 너무 빠져들어서 무슨 말인지 제대로 알아듣지도 못했다. 에로스가 프시케 옆으로 달려가서 한쪽 무릎을 꿇고 앉자 아르테미스는 숨을 죽였다.

에로스가 한 손을 가슴에 얹고 선언했다.

"프시케, 당신을 사랑합니다. 영원토록 사랑할 거예요."

질투의 여신 역할을 맡은 판도라가 무대 옆에서 씩씩거리며 튀어나왔다. 판도라는 위험한 눈빛을 번득이며 끓어오르는 분노를 터뜨렸다.

"이 바보 같으니라고! 프시케가 세상에서 가장 추악한 존재와 사랑에 빠지도록 하는 데 실패한 벌이다. 이제 프시케가 누구와도 사랑에 빠지지 못하게 하겠어! 아니, 아예 세상 사람들이 다시는 사랑에 빠지지 못하게 할 거야. 지금부터 영원토록 말이지."

판도라는 잠시 머뭇거리더니 한마디를 덧붙였다.

"내 말 알아들었어?"

오리온과 연습을 여러 차례 했기 때문에 아르테미스는 판도라의 마지막 대사가 대본에 들어 있지 않다는 걸 알고 있었다. 판도라는 질문을 하나라도 던지지 않고서는 도무지 견딜 수가 없는 모양이었다.

"좋아요."

프시케는 고개를 빳빳이 들고 질투의 여신의 잔인한 눈빛에 맞섰다.

"난 남자 친구 없이도 잘 살 수 있으니까요."

"아싸! 프시케, 화이팅!"

아르테미스가 주먹을 치켜들며 소리를 질렀다. 그러자 페르세포네와 나머지 관객이 '와!' 하고 웃음을 터뜨렸다. 아르테미스도 싱글싱글 웃었다.

'이제부터는 내 사랑을 받을 만큼 진짜 멋진 남자를 찾기 전에는 아무에게도 마음을 주지 않을 거야.'

연극 〈사랑의 화살〉의 줄거리에는 온갖 말썽과 오해가 가득했다. 그래서 시간이 디오니소스가 쏜 화살처럼 빨리 흘러갔다. 어느새 이야기는 모든 갈등이 해결되고 세상 사람들이 다시 사랑에 빠지게 되는 결말에 이르러 있었다. 아르테미스는 눈시울이 뜨거워지면서 눈물이 날 것 같았다. 이야기에 너무 깊이 빠져 순간적으로 이게 연극이라는 걸 까맣게 잊고 있었다. 아르테미스는 등장인물들이 행복을 찾아서 무척 기뻤다.

'나도 저렇게 행복한 사랑을 했으면 좋았을 텐데.'

마지막 장면이 점점 다가오자 오케스트라는 아폴론의 밴드가 만든 '최고의 행복이 있는 일곱 번째 하늘'이라는 곡을 연주하기 시작했다. 무대에서 도르래가 끼익끼익 움직이며 하늘 배경에 뭔가를 천천히 내렸다. 갑자기 공중에 매달린 일곱 개의 빛이 배우들 머리 위에서 어슴푸레하게 반짝였다.

'아하, 저건 불빛이 아니라 별이로구나. 조명으로 별자리를 만든 거야!'

페르세포네가 아르테미스에게 속삭였다.

"어떻게 한 걸까? 하데스가 저 조명이 고장 났다고 했거든."

아르테미스가 대답했다.

"누가 천장에서 조명을 들고 있어."

둘은 눈을 가늘게 뜨고서 누가 조명을 들고 있는지 살펴보았다. 그러고는 동시에 외쳤다.

"어머, 오리온이 철사에 매달려 있네!"

오리온의 양쪽 어깨와 양쪽 발에 각각 커다란 별이 하나씩 고정되어 있었다. 거기에 오리온의 허리띠에 달린 별 세 개까지 무대 조명을 받아 빛을 발하자 오리온이 마치 별자리처럼 보였다.

아르테미스는 씩 웃었다.

"뭐, 오리온은 늘 스타가 되고 싶다고 했잖아. 보아하니 제우스 교장 선생님께서 오리온의 소원을 들어주신 것 같네. 그것도 일곱 번이나 말이지."

페르세포네는 아르테미스에게 어깨를 툭 부딪치며 키득키득

웃었다.

 잠시 후 연극이 끝나자 막이 닫히더니 곧바로 다시 활짝 열렸다. 연극에 참여한 배우들이 무대 양쪽에서 걸어 나오자 모든 관객이 환호성을 질렀다.

 아르테미스는 아폴론도 프시케의 아버지 역할을 꽤 잘해 냈다고 생각했다. 비록 대사가 여섯 줄밖에 되지 않았지만 말이다. 아르테미스는 아폴론과 눈이 마주치자 입 모양으로 '잘했어.'라고 칭찬해 주었다. 아폴론은 기쁜 듯이 씩 웃으며 고개를 끄덕여 답했다.

 관객들이 떠들썩하게 환호하고 박수를 치자 수에즈, 앰비, 넥타도 벌떡 일어나 '우우우.' 하고 길게 짖으며 함께 법석을 떨었다. 배우들은 관객에게 허리 굽혀 인사하고서 손을 흔들며 무대 뒤로 사라졌다.

 벨벳으로 만든 막이 다시 닫혔지만 관객의 박수는 계속해서 이어졌다. 잠시 후 다시 커튼이 열리자 무대에 아프로디테와 디오니소스가 제우스와 나란히 서 있었다. 주연 배우와 연출가는 서로 손을 맞잡더니 다시 관객에게 인사했다.

"아우! 아야!"

아프로디테와 디오니소스는 동시에 비명을 질렀다. 제우스의 손을 잡는 순간 전기가 찌르르 통했기 때문이었다.

관객들은 더 크게 박수를 쳐 주었다. 아르테미스는 친구들이 자랑스러워서 자리에서 펄쩍펄쩍 뛰었다. 그러자 모든 관객이 일어나 함께 기립 박수를 보내 주었다.

11 사랑보다는 우정

공연이 끝났을 때 관객이 배우를 무대로 불러내어 박수를 쳐 주는 커튼콜이 드디어 끝났다. 아르테미스와 페르세포네는 얼른 무대로 달려갔다. 수에즈, 넥타, 앰비도 껑충껑충 뛰며 뒤를 따랐다. 아르테미스, 페르세포네, 아프로디테, 아테나는 서로를 꼭 끌어안았다.

"난 연극을 난생처음 봤지만 이 연극은 정말 최고라고 장담할 수 있어."

아르테미스가 자신 있게 말하자 아프로디테는 좋아서 활짝 웃었다.

"고마워!"

페르세포네가 친구들을 재촉했다.

"애들아, 빨리 가자. 첫 공연 성공을 축하해야지!"

그러자 아프로디테가 말했다.

"좋은 생각이야. 난 지금 허기가 져서 배가 등에 붙을 지경이거든."

"나도 그래."

디오니소스가 쑥 끼어들었다.

잠시 후 아폴론과 하데스도 모이자 일곱 명의 아이들은 슈퍼파워 슈퍼마켓에 가서 과자와 음료수를 사기로 했다. 아프로디테가 무대 뒤에서 옷을 갈아입고 나오자 남자아이들이 앞장선 채 다 같이 슈퍼마켓으로 향했다.

"아무도 없어요?"

네 여신이 텅 빈 극장을 떠나려는 순간 누군가 쓸쓸하게 외쳤다.

"거기 누구야?"

아르테미스가 걸음을 멈추고 뒤돌아서며 물었다.

"어머, 저건 오리온이잖아! 아직도 저기 매달려 있네."

아테나가 아이들 뒤쪽을 가리켰다. 그러자 모두 고개를 돌리고 무대를 바라보았다. 정말로 오리온이 도르래에 매달린 채 검은 막 위로 일곱 개의 별을 반짝반짝 비추고 있었다. 몸에 달린 별과 눈동자와 가짜 금빛 피부까지 어우러져 빛을 발하니 오리온은 그야말로 멋져 보였다.

시리우스는 맨 앞줄 중간 의자에 앉아 오리온을 올려다보고 있었다. 아마 아직도 연극이 계속되는 중이라고 생각하는 것 같았다.

"저 앤 왜 아직도 저러고 있대?"

아프로디테가 묻자 페르세포네가 대답했다.

"표정을 보니 오리온도 그게 궁금한가 봐."

갑자기 시리우스가 길게 '우우우.' 하고 울기 시작했다.

"뭔가 기계에 문제가 생긴 것 같아."

아르테미스의 말에 페르세포네는 인상을 찌푸렸다.

"오리온을 무슨 수로 내려 주지?"

무대 담당자 몇이 나오더니 오리온 아래에 모여 섰다. 그러나 아이들은 천장을 바라보며 어쩔 줄 몰라 머리만 긁적일 뿐이었다. 제우스도 나오더니 소리쳐서 오리온을 격려했다.

"잠시만 매달려 있어라. 아니, 잠시만 기다려라. 눈 깜짝할 사이에 내려 주마."

"고맙습니다……."

텅 빈 극장에 오리온의 힘없는 목소리가 메아리쳤다.

"우리가 도와줘야 할까?"

아테나가 물었다. 그러자 아프로디테는 아르테미스를 향해 고개를 까딱했다.

"아르테미스, 네가 결정해. 도와줄까, 아니면 그냥 갈까?"

아르테미스는 잠시 생각하더니 고개를 흔들었다.

"내가 보기에 오리온은 소원하던 대로 스타 대접을 받고 있는 중이야."

아르테미스는 친구들을 보며 빙그레 웃었다.

"넥타르 쉐이크랑 암브로시아 파이 먹는 쪽이 좋으면 손 들어 봐."

아르테미스의 손까지 합쳐서 손 넷이 위로 번쩍 올라왔다.

다 같이 슈퍼마켓으로 가려고 돌아서다가 아르테미스는 우연히 누군가와 쿵 부딪히고 말았다.

"어, 미안."

아르테미스는 놀라서 사과하며 위를 올려다보았다. 처음 보는 남자아이가 어깨에 화살집을 둘러메고 있었다. 몸이 반짝이지 않는 걸로 보아 그 아이도 인간이었다.

"안녕, 아르테미스."

남자아이는 허리를 굽히고서 아르테미스의 사냥개들을 차례로 쓰다듬어 주었다. 그러더니 아르테미스를 쳐다보았다. 차분한 회색 눈동자에 숨길 수 없는 호기심이 담겨 있었다.

"네가 아폴론의 쌍둥이 누나 맞지? 활쏘기 대회 때 봤어. 언제 같이 연습해 보자."

"음, 그래."

아르테미스가 그저 그런 반응을 보이자 남자아이는 씩 웃더니 반대 방향으로 가던 길을 계속 갔다.

소년이 멀찍이 떨어지자 페르세포네가 친구들에게 일러 주었다.

"쟤, 하데스의 친구인데 인간이고 이름은 악타이온이야."

"귀엽게 생겼는걸."

아프로디테가 슬쩍 한마디를 하자, 아테나가 아르테미스에게 말했다.

"아르테미스 널 좋아하는 것 같아."

아르테미스는 그냥 어깨를 으쓱할 뿐이었다.

'뭐, 상냥해 보이기는 하네. 그리고 개들을 실제로 쓰다듬어 주기도 하고 말이야. 오리온은 한 번도 그런 적이 없었는데……. 내가 어떤 면에서는 용감한 편이지만, 과연 이렇게 빨리 누군가와 다시 사귈 용기가 있을까?'

아르테미스는 악타이온 쪽을 슬쩍 쳐다보았다가 아르테미스를 바라보고 있던 악타이온과 눈이 마주쳤다. 악타이온이 손을 흔들자 아르테미스는 얼굴이 발갛게 달아올랐다.

"당신의 미래에서 새로운 사랑이 보입니다."

아프로디테는 미래를 점쳐 주는 오라클 쿠키의 말투를 흉내

내며 아르테미스를 은근히 놀려 댔다.

"어휴. 내가 못 아!"

아르테미스는 까르르 웃음을 터뜨렸다.

'언제 한번 같이 활쏘기 연습을 해 볼까? 어쨌든 한번 생각은 해 보지 뭐.'

아르테미스는 친구들을 향해 돌아서며 말했다.

"미래 이야기가 나와서 말인데, 내 미래에서 파이가 보이는 걸. 어, 서기 보이는 건 넥타르 쉐이크인가?"

네 여신은 깔깔거리며 서로 팔짱을 꼭 꼈다. 그러고는 극장에서 나와 자신들에게 꼭 맞는 과자를 찾아 떠났다.

옮긴이의 말

　책을 읽으면 얻는 좋은 점에는 여러 가지가 있습니다. 나와 비슷한 고민을 하는 주인공을 보며 지혜를 얻기도 하고, 나와는 정반대인 인물을 보면서 다른 사람을 더 깊이 이해하기도 하지요. 또 여러 가지 새로운 지식을 얻기도 하고요.

　〈올림포스 여신 스쿨〉 시리즈에는 이 모든 게 다 들어 있는 것 같아요. 〈올림포스 여신 스쿨〉 시리즈를 번역하면서 그리스 신화에 대해 점점 더 많은 사실을 알게 되는 것도 즐겁지만, 아르테미스, 아프로디테, 아테나, 페르세포네가 겪는 일을 보면서 제 자신을 많이 돌아보게 된답니다. '맞아, 나도 그랬어.' 하고 고개를 끄덕이기도 하고, '아, 나도 그때 이랬다면 좋았을 텐데.' 하고 반성하기도 하고요. 저도 어렸을 때 〈올림포스 여신 스쿨〉 시리즈를 만났더라면 얼마나 좋았을까요? 이번 아르테미스 이야기를 보면서 특히 그런 생각을 많이 했답니다.

　털털하고 선머슴 같은 아르테미스는 모두에게서 용감하다는 칭찬을 듣고 살지요. 그런데 매서운 여전사의 갑옷을 한 꺼풀만 벗기면 아르테미스도 매 순간 두려움을 느끼고, 좋아하는

남자아이한테 휘둘리기만 하는 여린 여자아이예요. 그런 아르테미스가 여러 사건을 통해 무서운 존재와 맞설 때 필요한 용기, 자신의 속마음을 솔직하게 드러내는 용기, 좋아하는 사람이 자신을 좋아해 주지 않아도 당당할 수 있는 용기 등 용기의 많은 모습을 배워 갑니다. 그리고 자신을 믿고, 친구들의 응원을 받으며 하기 힘든 행동을 할 때 진정 용감한 여신이 된다는 것을 깨닫게 되지요. 저는 그런 아르테미스가 성냘 멋져서 홀딱 반해 버렸어요.

여러분을 두렵게 하는 것은 무엇인가요? 그것이 무엇이든 피하지 말고 아르테미스처럼 당당히 맞서서 물리쳐 버리세요. 그러면 여러분도 누구보다 용감한 여신이 될 수 있답니다!

옮긴이 **김경희**

지은이 조앤 호럽, 수잰 윌리엄스

조앤 호럽은 문예상을 받은 작가로, 지금까지 어린이 독자를 위해 125권이 넘는 책을 썼다. 대표작으로는 《샴푸》, 《마멋 날씨 학교》, 《개는 왜 짖을까?》, 그리고 〈인형 병원〉 시리즈 등이 있다. 책에서 새로운 아이디어 얻기를 좋아한다는 점에서 네 명의 소녀 신 중 아테나와 가장 비슷하지 않나 하고 생각한다.

수잰 윌리엄스는 어린이를 위해 30권이 넘는 책을 썼고, 문예상 수상 작가이다. 대표작으로는 《책벌레 릴》, 《엄마가 내 이름을 모른대요》, 《우리 집 강아지는 부탁할 줄을 몰라》, 〈파워 공주〉 시리즈, 〈꽃봉오리 요정〉 시리즈가 있다. 남편분 말로는, 수잰 선생님은 귀찮은 질문(주로 왜 컴퓨터가 제대로 안 돌아가는지에 관한 질문이라고 한다)을 하는 판도라랑 비슷한 편이라고 한다. 물론 판도라는 절대로 컴퓨터를 쓸 일이 없겠지만.

옮긴이 김경희

초등학교 때 다른 아이들이 텔레비전을 보는 동안 《그리스 로마 신화》, 《일리아드》, 《오디세이아》, 《플루타르크 영웅전》을 줄줄 외울 정도로 읽고 또 읽었다. 제일 좋아하는 여신은 사냥의 신 아르테미스였는데 정작 본인은 운동에 영 소질이 없었다. 그래서 헤라클레스처럼 열두 가지 모험을 하고 올림포스산에 가 보고 싶었지만 엄두도 낼 수 없었다. 어린이 독자를 위해 〈올림포스 여신스쿨〉 시리즈를 번역하면서 신나는 모험을 즐겼다.

4 아르테미스의 용기

초판 1쇄 발행 2013년 9월 16일
초판 5쇄 발행 2023년 11월 5일

글 조앤 호럽, 수잰 윌리엄스 그림 이영 옮김 김경희
발행인 양원석 발행처 (주)알에이치코리아(등록 2004년 1월 15일 제2-3726호)
주소 08588 서울시 금천구 가산디지털2로 53, 20층(한라시그마밸리)
편집문의 02-6443-8921 도서문의 02-6443-8800 홈페이지 rhk.co.kr
블로그 blog.naver.com/randomhouse1 포스트 post.naver.com/junior_rhk
인스타그램 @junior_rhk 페이스북 facebook.com/rhk.co.kr

ISBN 978-89-255-4741-1 (74840)
ISBN 978-89-255-4737-4 (세트)

※ 제조자명 (주)알에이치코리아 | 제조국명 대한민국 | 사용연령 8세 이상
※ 종이에 손이 베이거나 모서리에 다치지 않게 주의하세요.
※ 잘못 만들어진 책은 구입하신 곳에서 바꾸어 드립니다.